Žil Sipervjel
DETE SA PUČINE

REČ I MISAO
KNJIGA 476

Prevela
MIRJANA VUKMIROVIĆ

ŽIL SIPERVJEL

DETE
SA PUČINE

PRIPOVETKE

IZDAVAČKO PREDUZEĆE „RAD"
BEOGRAD

Naslov originala

Jules Supervielle: *L'enfant de la haute mer*
Editions Gallimard, 1931, renouvelé en 1958.

Ova knjiga je prevođena krajem 1995.
u Međunarodnom koledžu za književne prevodioce u Arlu.

DETE SA PUČINE

Kako je nastala ta lelujava ulica? Koji su je mornari i uz pomoć kakvih neimara izgradili na pučini Atlanskog okeana, na morskoj površini iznad provalije duboke šest hiljada metara? Tu dugu ulicu s kućama od tako izbledelih crvenih cigala da su dobile „francusku" sivu boju, te krovove od škriljca, od crepa, te skromne, uvek iste dućane? I taj kao čipka rupičast zvonik? I to što je zapremalo samo morsku vodu, a što je, bez sumnje, trebalo da bude vrt ograđen zidovima nakićenim parčićima razbijenih boca, preko kojih bi ponekad preskočila koja riba?

Kako se to držalo uspravno, a da ga čak ni talasi nisu pomerali?

I kako se tu obrela ta tako usamljena dvanaestogodišnja devojčica koja je u klompama sigurnim korakom prolazila tečnom ulicom kao da hoda po čvrstoj zemlji? Kako je to nastalo?...

Govorićemo o stvarima redom, prema tome kako ih budemo uočavali i spoznavali. A ono što mora ostati nejasno, biće nejasno uprkos našim naporima da vidimo i shvatimo.

Kad bi se približila neka lađa, čak i pre nego što bi se ukazala na vidiku, dete bi obuzeo dubok san, a selo bi potpuno iščezlo ispod talasa. I tako nijedan mornar, čak ni pomoću dogleda, nikad nije opazio to selo, niti čak posumnjao da ono postoji. Dete je verovalo da je jedina devojčica na svetu. Da li je samo znalo da je devojčica?

Nije bila neka lepotica jer su joj zubi bili pomalo razmaknuti, nos odveć prćast, ali je imala veoma belu kožu s nekoliko ljupkih, hoću da kažem riđih pega. A njeno malo lice, čiji su najveći deo zauzimale veoma sjajne sive oči, prenosilo je na vas, sve do same vaše duše, neko veliko čuđenje koje je dopiralo iz dubine vremena.

Na ulici, jedinoj u tom gradiću, dete bi ponekad pogledalo nadesno i nalevo, kao da očekuje da mu neko mahne rukom ili klimne glavom, da mu neko da prijateljski znak. Ono je, i nesvesno, davalo takav utisak, pošto ništa i niko nije mogao da dođe u to izgubljeno selo, uvek spremno da iščezne.

Od čega je devojčica živela? Od ribolova? Ne mislimo tako. Pronalazila je namirnice u ormanu i u kuhinjskoj ostavi, čak i mesa svaka dva ili tri dana. Bilo je za nju i krompira, ostalih vrsta povrća, s vremena na vreme i jaja.

Namirnice su se spontano pojavljivale u ormanima. A kad je dete uzimalo džem iz tegle, ona bi i dalje ostajala nenačeta, kao da te stvari moraju ostati večno takve kakve su jednog dana bile. Ujutro, četvrt kilograma svežeg hleba uvijenog u hartiju, čekalo je dete na mermernoj tezgi pekare, iza koje nikad nikoga nije videlo, čak nijednu ruku, nijedan prst, koji bi mu doturili taj hleb.

Devojčica je ustajala rano, podizala zaštitne zavese od talasastog lima na vratima i izlozima trgovina (ovde se moglo pročitati: Kafanica, a tamo: Kovač ili Moderna pekara, Trgovina priborom za šivenje), otvarala je kapke na svim kućama, zakačila bi ih brižljivo zbog morskog vetra i, prema tome kakvo je bilo vreme, ostavljala ili nije ostavljala zatvorene prozore. U nekim kuhinjama palila je vatru da bi se dim dizao sa tri ili četiri krova.

Sat pre zalaska sunca, jednostavno je počinjala da zatvara kapke. I da spušta zastore od talasastog lima.

Dete je izvršavalo te obaveze vođeno nekim nagonom, svakodnevnim nadahnućem koje ga je teralo da bdi nad svim. U proleće i leto, ostavljalo je tepih na nekom prozoru ili rublje da se suši, kao da je po svaku cenu trebalo da izgleda kako u selu neko živi i da ono što je moguće više liči na naseljeno mesto.

A cele godine, devojčica je morala da brine o zastavi, izvešenoj na opštinskoj zgradi, tako izloženoj nepogodama.

Noću je palila sveće, ili je šila pri svetlosti lampe. U više gradskih kuća mogla se naći i električna struja, i dete je ljupko i prirodno okretalo prekidače.

Jednom na zvekiru nekih vrata zaveza crni krep. Smatrala je da to lepo pristaje.

I crni krep ostade tamo dva dana, a potom ga devojčica sakri.

Drugi put, gle, počela je da lupa u doboš, seoski doboš, kao da najavljuje neku novost. I osetila je žarku želju da vikne nešto što bi se čulo s jednog na drugi kraj mora, ali joj se grlo steglo i nikakav zvuk nije izlazio iz njega. Ona se tako jako napregla, da joj lice i vrat skoro pocrneše kao kod utopljenika. Potom je ostavila doboš na njegovo uobičajeno mesto, u levi ugao, u dnu velike dvorane gradske kuće.

Dete je zvoniku prilazilo zavojitim stepeništem čiji su basamaci bili istrošeni od hiljada nikad viđenih stopala. Sa zvonika koji je, kako je dete mislilo, imao barem pet stotina stepenika (a imao je samo devedeset dva), moglo se videti nebo onoliko koliko su dopuštale rupe između njegovih žutih cigala. A trebalo je pomoću ručice naviti časovnik s tegom da bi stvarno otkucavao sate i dan i noć.

Kripta, oltari, sveci od kamena koji su izdavali nema naređenja, sve te stolice čije je drvo slabo pucketalo i koje su, lepo poređane, očekivale bića svih doba starosti, ti oltari čije je zlato ostarilo i želelo da postane još starije, sve je to privlačilo i odbijalo dete koje

7

nikad nije ulazilo u tu visoku kuću. Zadovoljavalo se time što bi ponekad, u dokolici, odškrinulo obložena vrata da, zaustavljajući dah, baci unutra brz pogled.

U jednom koferu u njenoj sobi nalazile su se porodične hartije, nekoliko poštanskih karata iz Dakra, Rija de Žaneira, Hong-Konga, s potpisom Čarlsa ili Č. Lievensa, koje je on uputio u Stinvord (Sever). Dete sa pučine nije znalo koje su te daleke zemlje i ko su taj Čarls i taj Stinvord.

Čuvalo je u ormanu i album s fotografijama. Na jednoj od njih bilo je dete koje je mnogo ličilo na devojčicu Okeana, i ona bi tu fotografiju često sa skrušenošću posmatrala: uvek joj se činilo da je slika prava, istinska. Dete je držalo obruč u ruci. Potražilo je sličan u svim kućama sela. I jednog dana je pomislilo da ga je našlo: bio je to gvozdeni obruč s bureta, ali jedva da je pokušalo da trči s njim po morskoj ulici, kad se obruč dokopa pučine.

Na drugoj fotografiji mogla se videti devojčica između muškarca obučenog u mornarsko odelo i koščate i uparađene žene. Dete sa pučine, koje nikad nije videlo ni muškarca ni ženu, dugo se pitalo šta hoće ti ljudi, čak i usred noći, kad vam je ponekad odjednom sve jasno kao kad sine munja.

Svako jutro je devojčica odlazila u opštinsku školu s velikom torbom u kojoj su bile sveske, gramatika, aritmetika, istorija Francuske, geografija.

Imala je, takođe, od Gastona Bonijea, člana Akademije nauka, profesora na Sorboni, i Žorža de Lajensa, dobitnika nagrade Akademije nauka, jednu knjižicu u kojoj su opisane najobičnije, kao i korisne i štetne biljke, sa osamsto devedeset osam slika.

Čitala je predgovor:

„U proleće i leto ništa nije lakše nego nabrati obilje šumskog i poljskog bilja."

A istoriju, geografiju, zemlje, velike ljude, planine, reke i granice, kako sve to da objasni sebi neko ko ima samo jednu pustu palanačku ulicu na najudaljenijem mestu Okeana? Ali ona nije znala da se nalazi na onom istom Okeanu koji je videla na kartama, mada je to jednog dana, u jednoj sekundi pomislila. Ali je tu pomisao odbacila kao luckastu i opasnu.

Na trenutke bi savršeno poslušno slušala, zapisivala nekoliko reči, opet slušala, ponovo počinjala da piše, kao po diktatu neke nevidljive učiteljice. Zatim bi devojčica otvarala gramatiku i, zadržavajući dah, ostajala dugo nagnuta nad stranom 60. i vežbom CLXVIII, koju je posebno volela. Kao da je gramatika uzimala reč da bi se neposredno obratila devojčici sa pučine:
– *ste vi? – mislite? – govorite? – želite? – se treba obratiti? – se događa? – optužujemo? – ste kadri? – ste krivi? – je u pitanju? – primate taj poklon, dakle? – se žalite?*
(Crtice zamenite odgovarajućom upitnom zamenicom, sa ili bez predloga.)
Ponekad je dete spopadala neodoljiva želja da napiše neke rečenice. I činilo je to s velikom marljivošću.
Evo ih nekoliko, pored mnogih drugih:
– Podelimo ovo, hoćete li?
– Čujte me dobro. Sedite, ne mičite se, preklinjem vas!
– Da imam samo malo snega s visokih planina, dan bi brže prošao.
– Peno, peno oko mene, zar konačno nećeš postati nešto čvrsto?
– Da bi se igralo kolo, potrebno je barem troje.
– To su dve senke bez glave odlazile prašnjavim putem.
– Noć, dan, dan, noć, oblaci i leteće ribe.
– Pomislila sam da čujem neki zvuk, ali je to bio šum mora.
Ili je pisala pismo u kojem je pričala o svom gradiću i o sebi. To nije bilo upućeno nikome i nikome nije

„slala poljupce" kad bi ga završavala, a na kovertu nije bilo imena.

A kad bi završila pismo, bacila bi ga u more – ne da bi ga se ratosiljala, već zato što je tako trebalo da bude, i možda po ugledu na pomorce u opasnosti koji u beznađu talasima poveravaju svoju poslednju poruku u nesigurnoj boci.

Vreme nije prolazilo nad plutajućim gradićem: devojčica je neprekidno imala dvanaest godina. I uzalud je prsila svoje male grudi ispred ormana s ogledalom u svojoj sobi. Jednog dana, sita toga što sa svojim kikama i odveć otkrivenim čelom liči na fotografiju koju je čuvala u svom albumu, ona se naljuti na samu sebe i na svoj portret i naglo prosu svoju kosu po ramenima nadajući se da će tako postati starija. Možda će se čak i more svuda unaokolo zbog toga donekle promeniti, i ona će ugledati kako iz njega izlaze velike koze s bradom prekrivenom penom, koje će se približiti da vide.

Ali Okean je i dalje bio pust i niko joj nije dolazio u posetu osim zvezda padalica.

Jednog dana kao da se zabunom nešto poremetilo u volji sudbine. Pravi pravcati teretni brodić iz koga je sukljao dim, tvrdoglav kao buldog i uspešno odolevajući moru, mada je bio slabo natovaren (lepa crvena traka planula bi na suncu ispod linije broda do koje doseže voda), teretni brodić prođe kroz seosku ulicu prekrivenu morem a da kuće nisu iščezle ispod talasa, niti je devojčicu obuzeo san.

Bilo je tačno podne. Teretni brod se oglasio sirenom, ali se taj glas nije pomešao sa zvukom zvona na zvoniku. Svako je sačuvao svoju nezavisnost.

Dete, prvi put začuvši neki zvuk koji potiče od ljudi, pohrli na prozor i viknu iz sve snage:

„U pomoć!"

I baci svoju školsku kecelju u pravcu lađe.

10

Krmanoš čak ni glavu ne okrenu. A jedan mornar, koji je ispuštao dim iz svojih usta, pređe preko mosta kao da se ništa ne događa. Ostali su i dalje prali svoje rublje, dok su se sa svake strane kljuna lađe delfini razmicali da ustupe mesto teretnom brodu koji je žurio.

Devojčica izjuri na ulicu, leže na tragove broda i toliko dugo je grlila njegovu brazdu dok nije postala samo krajičak mora, netaknut i bez sećanja. Tek tada je ustala. Vraćajući se kući, dete se čudilo tome što je viknulo „U pomoć!" Ono samo tad shvati duboki smisao tih reči. I taj smisao ga užasnu. Zar ljudi nisu čuli njegov glas? Ili su ti mornari bili gluvi i slepi? Ili suroviji od morskih dubina?

Tad jedan talas dođe po devojčicu, val koji se, očigledno iz opreza, uvek držao na izvesnom rastojanju od sela. Beše to ogroman talas koji se na sve strane razlivao mnogo dalje od ostalih talasa. Na vrhu je nosio dva oka od pene koja su savršeno podražavala prave oči. Reklo bi se da razume neke stvari i da ih sve ne odobrava. Mada se obrazovao i rasturao stotinama puta na dan, nikad nije zaboravljao da se na istom mestu snabde s ta dva dobro postavljena oka. Ponekad, kad bi ga nešto zanimalo, iznenada bi ostajao skoro minut s krestom u vazduhu, zaboravivši da je talas i da traje samo sedam sekundi.

Već dugo je taj talas želeo da učini nešto za to dete, ali nije znao šta. Video je kako se udaljava teretni brodić i razumeo zebnju devojčice koja je ostala. Pošto nije više mogao da izdrži, on je bez reči dohvati i kao rukom ponese sobom nedaleko odatle.

Pošto se s najvećim poštovanjem prostro pred devojčicom kao što čine talasi, on se omota oko nje, povuče je sa sobom u dubinu i tu veoma dugo zadrža, pokušavajući da je zapleni, uz pomoć smrti. A i devojčica je zaustavila disanje ne bi li pomogla talasu u njegovoj ozbiljnoj nameri.

11

Ne postigavši svoj cilj, on je baci tako visoko u vazduh sve dok nije izgledala nešto veća od morske lastavice, dohvati je i opet zgrabi kao loptu. Devojčica je ponovo pala među vodene pahuljice velike kao nojeva jaja.

Konačno, uvidevši da se ništa ne može učiniti, da nije uspeo da je udavi, talas vrati dete kući uz hučno negodovanje, plačući i izvinjavajući se.

A devojčica, koja nije imala nijednu ogrebotinu, morala je da ponovo bez nade otvara i zatvara kapke na prozorima i da u trenu iščezava u moru čim bi se na vidiku pojavio jarbol neke lađe.

Mornari, vi koji maštate na pučini nalakćeni na brodsku ogradu, čuvajte se da u mrkloj noći dugo mislite na neko voljeno lice. Izložili biste se opasnosti da na sasvim pustim mestima donesete na svet neko biće obdareno svom ljudskom osećajnošću, a koje ne bi moglo ni da živi ni da umre, niti da voli, a ipak bi patilo kao da živi, voli, na samoj ivici smrti. Biće u vodenim pustolinama zauvek lišeno svakog prirodnog preimućstva, kao to dete Okeana, rođeno jednog dana iz mozga Čarlsa Lievensa iz Stinvorda, mornara na palubi broda s četiri katarke „Smeli", koji je izgubio dvanaestogodišnju kćer za vreme jednog svog putovanja. On je jedne noći na pedeset petom stepenu severne širine i trideset petom stepenu zapadne dužine, dugo, s užasnom snagom mislio na nju, na veliku nesreću tog deteta.

VO I MAGARE
KRAJ HRISTOVIH JASLICA

Na putu za Vitlejem, magarac pored kojeg je koračao Josif držeći ga za povodac, nosio je na svojim sapima Bogorodicu: nije bila mnogo teška, jer se bavila samo budućnošću u sebi.

Vo je išao za njima, sasvim sam.

Kad su stigli u grad, putnici uđoše u neku napuštenu staju i Josif se smesta lati posla.

„Ti ljudi su“, mislio je vo, „ipak neobični. Vidite šta uspevaju da urade svojim šakama i rukama. One svakako više vrede od naših parožaka i putišta. A našem gazdi nema premca u obavljanju raznih poslova i sređivanju stvari, u ispravljanju uvrnutog i zavrtanju pravog, u vršenju onoga što je potrebno.“

Josif iziđe i uskoro se vratio noseći na leđima slamu, ali kakvu slamu, tako živu i obasjanu suncem da je već ličila na čudo.

– Šta li to oni tamo pripremaju?“ – upita se magarac. – Reklo bi se da prave krevetić za dete?

– Možda ćete nam noćas biti potrebni – reče Bogorodica volu i magarcu.

Životinje su se dugo gledale pokušavajući da shvate, zatim polegaše.

Tih glas, ali koji je upravo dopro s vrh-vrška neba, uskoro ih probudi.

Vo ustade, primeti da je u jaslama nago dete koje spava, i poče da ga greje svojim dahom pažljivo, vodeći brigu o svemu.

Bogorodica je to posmatrala i zahvaljivala mu osmehom.

Krilata bića su uletala i izletala praveći se da ne vide zidove kroz koje su tako lako prolazila.

Josif se vratio s pelenama koje mu je pozajmila neka susetka.

– To je veličanstveno – reče on svojim glasom drvodelje, prejakim za tu priliku. – Ponoć je, a dan je. A ima tri sunca umesto jednog. Ali ona teže da se spoje.

U zoru, vo je ustao, pažljivo gazeći svojim papcima, jer se plašio da ne probudi dete, da ne smrvi neki nebeski cvet, ili da ne ozledi nekog anđela. Kako je sve postalo veličanstveno teško!

Susedi su dolazili u posetu Isusu i Bogorodici. To behu siromašni ljudi koji su imali da ponude na dar samo svoje blistavo lice. Potom su pristigli drugi, koji su doneli orahe, sviralu sa šest rupica.

Vo i magarac se malo razmakoše da bi im oslobodili prolaz, pitajući se kakav će utisak oni sami ostaviti na dete koje ih još nije videlo. Upravo se bilo probudilo.

– Mi nismo čudovišta – reče magare.

– Ali, shvataš, s našom njuškom koja nimalo ne liči na njegovo lice, niti na lice njegovih roditelja, mogli bismo ga uplašiti.

– Jasle, štala i njena tavanica s gredama takođe nemaju lice slično njegovom, a ipak ih se nije uplašilo.

Ali vo nije bio ubeđen. Mislio je na svoje rogove i mozgao:

„To je zbilja vrlo mučno kad se ne možeš približiti onima koje najviše voliš zato što opasno izgledaš. Uvek moram paziti da nekoga ne povredim, a ipak nije u mojoj prirodi da bez ozbiljnih razloga udaram osobe i stvari. Nisam zao ni pakostan. Ali svukud kuda idem nosim sa sobom i svoje rogove i budim se s njima, a čak i kad sam obrvan snom i kad odlazim u maglu, dva oštra, dva tvrda roga su tu i ne zaboravljaju me. Osećam ih i na kraju svojih snova usred noći."

Veliki strah obuze vola kad je pomislio koliko se približio detetu da ga zagreje. A da mu je i nehotice zadao udarac rogom!

– Ne treba da se suviše približavaš malom – reče magare koje je naslutilo o čemu misli njegov drug. – O tome ne treba ni da sanjaš, ranićeš ga. A zatim, moglo bi na njega pasti malo tvoje pljuvačke koju nevešto zadržavaš, i to bi ga uprljalo. Uostalom, zašto toliko balaviš kad si srećan? Sačuvaj to za sebe. Nema potrebe da to pokazuješ celom svetu.

– (Vo je ćutao).

– Ali ja ću mu smesta ponuditi moja dva uha. Razumeš, ona se miču, pokreću se u svim pravcima, u njima nema kostiju, meka su na dodir. U isti mah izazivaju strah i umiruju. Upravo to je potrebno da bi se neko dete zabavljalo, a i poučno je u njegovom uzrastu.

– Da, razumem, nikad nisam rekao suprotno. Nisam glup.

Ali, kako je magarac izgledao odista suviše zadovoljan, vo dodade:

– Ali nemoj početi da mu njačeš u lice. Ubićeš ga.

– Seljak! – reče magarac.

Magarac je stajao s leve strane jasala, a vo s desne, na mestima gde su se nalazili i u trenutku Rađanja, što je vo, sklon izvesnom protokolu, posebno poštovao. Nepomični i smerni, oni su tu ostajali satima, kao da poziraju nekom nevidljivom slikaru.

Dete obara kapke. Žuri mu se da ponovo zaspi. Jedan blistavi anđeo ga na nekoliko koraka posle ulaska u san čeka da bi ga nečemu naučio ili da bi ga možda nešto zapitao.

Anđeo živ živcat iziđe iz Hristovog sna i pojavi se u štali. Pošto se poklonio pred onim koji se upravo rodio, on naslika blistavo čist venac od svetlosti oko njegove glave. I drugi – za Bogorodicu, a treći – za Josifa. Zatim se udalji u blesku krila i perja, čija je šuštava belina koja se stalno obnavljala ličila na belu penu plima i oseka.

– Nije bilo venaca od svetlosti za nas – primeti vo.

– Anđeo svakako ima svoje razloge za to. Mi baš i nismo bogzna šta, magarac i ja. A zatim, šta smo mi učinili da bismo zaslužili taj oreol?

– Ti svakako nisi ništa učinio, ali si zaboravio da sam ja nosio Bogorodicu.

Vo pomisli u sebi:

„Kako je tako lepa i laka Bogorodica skrivala to krasno detešce?"

Ali, možda je sanjao naglas, jer magarac odgovori:

– Ima stvari koje ti ne možeš razumeti.

– Zašto uvek kažeš da ne razumem? Živeo sam duže od tebe. Radio sam u planini, u ravnici i pored mora.

– Nije to u pitanju – reče magarac.

A potom dodade:

– Ne postoji samo krug od svetlosti oko glave deteta. Siguran sam, vole, da nisi zapazio kako se dete kupa u nekakvoj čudesnoj prašini, ili pre, u nečemu što je bolje od prašine.

– To je mnogo uzvišenije – reče vo. – To je kao svetlost, zlatna para koja se oslobađa od malog tela.

– Da, ali ti tako govoriš ne bi li se poverovalo da si to video.

– A zar nisam video?

Vo odvuče magarca u jedan ugao staje gde je preživar u znak obožavanja postavio grančicu pažljivo okruženu slamčicama koje su veoma dobro predstavljale zračenje božanskog tela. To je prva kapela. Tu slamu je vo doneo spolja. Nije se usuđivao da dodirne onu iz jasala: budući da je ona bila dobra za jelo, osećao je sujeveran strah.

16

Vo i magare odoše na pašu i pasli su sve do noći. Mada kamenju obično treba dugo da nešto shvati, bilo ga je već mnogo u poljima koje je znalo da se rodio Isus. Naišli su čak na jedan kamen koji ih je, donekle promenivši svoju boju i oblik, obavestio da je u toku događaja.

Bilo je i poljskog cveća koje je znalo, te je moralo biti pošteđeno. Bio je to težak posao – pasti u polju a ne izvršiti svetogrđe. I jesti, a ne izvršiti svetogrđe. I vo je sve manje osećao potrebu za jelom. Sreća mu je tažila glad.

Pre nego što bi počeo da pije, on bi se takođe zapitao:

„A ova voda, da li zna?"

Pošto je sumnjao, više je voleo da je ne pije, te je odlazio nešto dalje, ka nekoj muljevitoj bari koja očito još ništa nije znala.

A ponekad ga o tome ništa nije obaveštavalo, osim ako to nije bila beskrajna prijatnost u grlu u trenutku kad bi gutao vodu.

„Suviše kasno", pomislio bi vo, „nije trebalo da je pijem."

Jedva se usuđivao da diše, vazduh mu se činio kao nešto sveto i veoma obavešteno o tome šta se događa. Plašio se da ne udahne nekog anđela.

Vola je bilo sram što se ne oseća uvek tako čist kao što bi želeo.

„E, pa moraćemo biti čistiji nego pre. Eto, to je sve. Treba samo obraćati pažnju na čistoću. Moram paziti gde stavljam svoje papke."

Magarac se osećao prijatno.

Sunce uđe u štalu, te dve životinje stadoše raspravljati oko časti ko će detetu praviti senku.

„Malo sunca mu ne bi naškodilo", mislio je vo, „ali magarac samo što nije izjavio da se ja u to ne razumem."

Dete je i dalje spavalo i ponekad u snu razmišljalo i nabiralo obrve.

Jednog dana je magare pažljivo njuškom okrenulo malog na svoju stranu, dok je Bogorodica na pragu vrata odgovarala na hiljade pitanja koja su postavljali budući hrišćani.

I Marija se, kad se vratila svom sinu, grdno prepala: uporno je tražila lice deteta tamo gde ga je ostavila.

Shvativši šta se upravo dogodilo, ona dade na znanje magarcu da dete ne treba dirati. Vo odobri naročitim ćutanjem. On je svom ćutanju umeo da da ritam, prelaze, naglasak. Za hladnih dana, kretanja njegove misli mogla su se lako pratiti prema dužini stuba pare koji se oslobađao iz njegovih nozdrva. I tako se mnogo toga moglo saznati.

Vo se smatrao ovlašćenim da detetu pruža samo posredne usluge, privlačeći na sebe štalske muve (svako jutro je odlazio da tare leđa o divlji pčelinjak), ili pak gnječeći insekte o zid. Magarac je vrebao zvuke koji su dopirali spolja, a kad bi mu se nešto učinilo sumnjivim, zaprečio bi ulaz. Vo bi se smesta postavio iza njega, da bi prepreka bila veća. Obojica su se trudili da budu što je moguće teži: sve dok je trajala opasnost, njihova glava i njihov stomak kao da su se punili olovom i granitom. Ali oči su im blistale, budnije nego ikad.

Vo se zadivio videvši da Bogorodica, kad se približi detetu, ume da mu izmami osmeh. Josifu je, uprkos njegovoj bradi, to uspevalo bez mnogo muke, bilo samim njegovim prisustvom, bilo kad bi svirao u sviralu sa šest rupica. I vo je želeo da svira u nešto. Sve u svemu, trebalo je samo da duva.

„Neću da kudim gazdu, ali ne smatram da bi on svojim dahom mogao da ugreje Dete Isusa. A što se svirale tiče, bilo bi dovoljno da ostanem sam s malim: tad me on više ne plaši. Tad ponovo postaje biće kojemu je potrebna zaštita. A vo barem ima osećanje svoje snage."

Kad bi pasli zajedno u poljima, volu se često događalo da ostavi magarca:

– Gde si se zaputio?

– Smesta se vraćam.

– Ma kuda ideš? – navaljivao je magarac.

– Hoću da vidim da mu nešto nije potrebno. Nikad se ne zna.

– Ta ostavi ga na miru!

Vo bi odlazio. U staji je postojalo nekakvo okruglo prozorče – koje će kasnije iz tog razloga nazvati volovskim okom – kroz koje je govedo virilo spolja.

Jednog dana je vo primetio da su Marija i Josif otišli. Pronađe sviralu na klupi, nadomak svoje njuške, a ni suviše daleko ni odveć blizu Deteta.

„Šta ću moći da mu sviram?" – reče u sebi vo koji se usuđivao da dopre do Isusovog uha samo zahvaljujući tom muzičkom posredniku. – „Oračku pesmu? Ratničku pesmu hrabrog malog bika ili pesmu očarane junice?"

Često izgleda kao da volovi preživaju, dok oni u dubini svoje duše pevaju.

Vo pažljivo dunu u sviralu i nije bio sasvim siguran da li mu je pri oblikovanju tako čistih zvukova pomogao neki anđeo. Dete na svom ležaju podiže malo glavu i ramena, da vidi. Međutim, svirač nije bio zadovoljan rezultatom. Bio je barem siguran da ga niko spolja nije čuo. Varao se.

Brzo pobeže iz bojazni da neko, naročito magare, ne uđe i da ga ne iznenadi odveć blizu svirale.

– Dođi da ga vidiš! – reče jednog dana Bogorodica volu. – Zašto se više nikad ne približavaš mom detetu, ti koji si ga tako dobro grejao onda kad je bio još sasvim nag?

Ohrabren, vo stade sasvim blizu Isusa koji mu, da bi ga sasvim odobrovoljio, zgrabi njušku obema šakama. Vo je zadržavao dah, sad nekoristan. Isus se smešio. Radost vola beše nema. Ona je čak dobila oblik njegovog tela i ispunjavala ga do vrha rogova.

Dete je gledalo čas magare čas vola, magarca pomalo odveć sigurnog u sebe, i vola koji se osećao kao da je sasvim neproziran pored tog lica tako nežno osvetljenog iznutra, kao kad bismo kroz lake zavese videli svetiljku koju pronose iz jedne odaje u drugu u nekom sićušnom i udaljenom obitavalištu.

Videći vola tako smrknutog, dete poče da se grohotom smeje. Životinji nije bio jasan taj smeh, te se pitala da se mali možda ne ruga. Da li je trebalo da ubuduće ispolji više uzdržanosti? Ili da se čak udalji?

Tad se dete ponovo nasmeja, i to tako jasnim smehom, tako punim ljubavi, izgleda, da vo shvati kako je bio u pravu što je ostao.

Bogorodica i njen sin su se često gledali iz neposredne blizine. Kao da su se pitali ko je više ponosan jedno na drugo.

„Čini mi se da bi sve trebalo da se odvija u radosti“, mislio je vo. „Nikad nije viđena čistija majka ni lepše dete. Ali na mahove, kako i jedno i drugo izgledaju ozbiljni!“

Vo i magarac su se spremali da se vrate u staju. Pošto je prvo dobro pogledao, iz straha da se ne prevari, vo reče:

– Ta vidi tu zvezdu koja se kreće po nebu. Odista je lepa i greje mi srce.

– Ostavi svoje srce na miru, ono nema ništa s velikim događajima kojima već neko vreme prisustvujemo.

– Ma šta ti rekao, smatram da se ta zvezda kreće ka nama. Gledaj kako je nisko na nebu. Reklo bi se da se usmerava ka našoj staji. A ispod nje vidim tri osobe prekrivene dragim kamenjem.

Životinje su stigle do praga staje:

– Po tvom mišljenju, vole, šta će se sad dogoditi?

– Suviše me pitaš, magarče. Dovoljno mi je što vidim šta se sad događa. I to je već mnogo.

– Ja imam svoje mišljenje.

– Hajdete, molim vas! – reče im Josif otvarajući vrata. – Zar ne vidite da ste zakrčili ulaz i da sprečavate ove ljude da prođu.

Životinje se razmakoše da bi propustile kraljeve mudrace. Bilo ih je trojica na broju, i jedan od njih, crn crncijat, predstavljao je Afriku. Vo u početku obrati na njega pomnu pažnju. Hteo je da vidi da li crnac odista gaji samo dobre namere prema novorođenčetu.

Kad se crnac, koji mora da je bio pomalo kratkovid, nadneo nad Isusom kako bi ga osmotrio sasvim izbliza, njegovo lice, glatko i sjajno kao ogledalo, odrazi sliku Deteta. Učinio je to s toliko poštovanja i samopregora, da se srce vola ispuni blagošću.

„To je neki veoma dobar čovek", pomisli on. „Nikad druga dvojica to ne bi mogla da učine."

On dodade posle nekoliko trenutaka:

„A on je čak najbolji od njih trojice."

Vo je upravo iznenadio bele kraljeve u trenutku kad su brižljivo smeštali u svoje prtljage slamku koju su ukrali iz jasala. Crni mudrac nije hteo ništa da uzme.

Kraljevi su zaspali jedan pored drugog na ležaju pozajmljenom od suseda i nameštenom na brzu ruku.

„To je čudno", mislio je vo, „što su, dok spavaju, ostavili svoje krune na glavi. Ta tvrda stvar mora da mnogo više smeta nego rogovi. A sa svim tim blistavim dragim kamenjem na glavi mora da je teško zaspati."

Oni su mirno spavali, kao kipovi ispruženi na grobovima. A njihova zvezda je blistala iznad jasala.

Tačno u praskozorje sva trojica u isti mah ustadoše, praveći istovetne pokrete. Upravo su u snu videli istog anđela koji im je savetovao da smesta krenu i da se ne vraćaju ljubomornom Irodu da bi mu kazali kako su videli Dete Isusa.

Oni iziđoše ostavljajući zvezdu da svetli iznad jasala, kako bi svako znao da je to tu.

Molitva vola

„Ne treba, nebesko Dete, da o meni sudiš po mom zbunjenom i tvrdoglavom izgledu. Možda jednog dana neću više ličiti na malu stenu što se miče?

„Zbilja treba da znaš, zar ne, da su ovi rogovi više ukras nego nešto drugo; čak ću ti priznati da se njima nikad nisam služio.

„Isuse, unesi malo svoje svetlosti u sve te trice i kučine i te goleme zbrke koje su u meni. Nauči me malo tvojoj tananosti, ti, čije su nožice i ručice tako brižljivo vezane za tvoje telo. Da li ćeš mi reći, mali moj Gospodine, zašto mi je jednog dana bilo dovoljno da okrenem glavu da bih te celog video? Kako ti zahvaljujem što mogu da klečim pred tobom, veličanstveno Dete, i da tako živim u prisnosti s anđelima i sa zvezdama! Ponekad se pitam da nisi bio rđavo obavešten i da li odista treba da ja budem ovde? Možda nisi primetio da imam veliki ožiljak na leđima i da mi nedostaje dlaka sa strane, što je prilično ružno! Čak i u samoj mojoj porodici, moj brat i moji rođaci su mnogo bolji od mene i više bi njima priličilo da budu ovde. Zar lav i orao nisu bili pogodniji?"

– Ćuti! – reče magarac. – Zašto moraš da tako uzdišeš, zar ne vidiš da mu sa svim tim tvojim preživanjima smetaš da spava?

„U pravu je", reče u sebi vo. „Treba umeti ćutati kad je vreme, čak i kad osetimo tako veliku sreću da ne znamo gde da je denemo."

Ali je i magarac molio:
„Tegleći oslovi, magarci pod samarom, život će i pod našim stopama uskoro biti lep, a na veselim pašnjacima magarčići će očekivati događaje. Zahvaljujući tebi, mališanu, kamenje će ostati tamo gde mu je mesto, na ivici puta, i nećemo videti kako pada na nas. Još nešto. Zašto bi, dakle, još bilo padina, pa čak i planina na našem putu? Zar ravnica koja bi se svuda protezala ne bi odgovarala svima? I zašto vo, koji je jači od mene, nikad nikog ne nosi na leđima? A zašto su mi uši tako duge i nemam dlake na repu, a moji paponjci tako mali i grudi uzane, i zašto mi glas ima boju nepogodâ? Ali, možda to nije nešto konačno?"

Tokom noći koje su usledile, čas je jedna zvezda, a čas druga čuvala stražu. A ponekad su stražarila čitava sazvežđa. Da bi sakrio tajnu neba, jedan oblak je stajao na mestu gde bi trebalo da se nalaze odsutne zvezde. A bilo je divota videti one Beskrajno Udaljene kako postaju sasvim male da bi se postavile iznad jaslica, i kako zadržavaju za sebe višak toplote, svetlosti i svoju beskrajnost, šireći samo ono što je potrebno da bi se grejala i osvetljavala štala i da se dete ne bi preplašilo. Prve noći Hrišćanstva... Bogorodica, Josif, Dete, Vo i Magarac pripadali su tada u najvećoj meri sebi. Njihova vlastita slika, koja se danju pomalo brisala i rastakala pored posetilaca, posle sunčevog zalaska čudesno bi se objedinila i učvrstila.

Preko vola i magarca, mnoštvo životinja je zatražilo da upozna Dete Isusa. I jednog lepog dana, uz Josifov pristanak, konja, poznatog po druželjubivosti i brzini, vo odredi da od sutradan počne da poziva sve one koji žele da dođu.

Magarac i vo su se pitali da li će divljim zverima biti dopušteno da uđu, kao i jednogrbim i dvogrbim kamilama, slonovima, i svim onim životinjama koje su pomalo sumnjive zbog grba, surli i viška kostiju i mesa.

Postavljalo se i pitanje da li treba pustiti odvratne insekte kao što su: škorpioni, tarantule, veliki pauci ptičari, zmije, one koji proizvode otrov u svojim žlezdama i danju i noću, pa čak i u zoru kad je sve čisto.

Bogorodica nije oklevala.

– Možete ih sve pustiti da uđu, moje dete je sigurno u svojim jaslama kao kad bi se nalazilo na najvišoj tački neba. – I, jedan po jedan! – dodade Josif skoro vojničkim tonom. – Neću da kroz vrata prolaze po dve životinje istovremeno, inače će nastati zbrka.

Prvo su počele da ulaze otrovne životinje, pošto je svako osetio da im se mora nadoknaditi ta nepravda što su stvorene otrovne. Zapaženo je mnogo takta kod zmija koje su izbegavale da gledaju Bogorodicu, prolazeći što su dalje mogle od nje. A izišle su tako spokojno i dostojanstveno kao da su golubovi ili psi čuvari.

Bilo je i tako sićušnih životinja da se teško moglo saznati da li su tu ili još čekaju napolju. Atomima je bilo dozvoljeno da se čitav sat predstavljaju i obilaze oko jaslica. Kad je istekao rok, mada je Josif po lakim trncima na koži znao da još nisu svi prošli, on sledećim životinjama izdade naređenje da uđu.

Psi nisu mogli izdržati a da ne izraze svoje čuđenje: njima nije bilo dozvoljeno da prebivaju u štali kao vo i magarac. Stoga ih pomilovaše umesto odgovora. Tad se povukoše, očigledno zahvalni.

Ipak, kad su po njegovom vonju osetili da se približava lav, vo i magarac se uznemiriše. Utoliko više što je taj vonj nadjačavao, a da na to čak nisu ni obratili pažnju, tamjan i miro i druge mirise koje su kraljevi mudraci svuda ostavili za sobom.

Vo je procenjivao koji velikodušni razlozi mogu da objasne poverenje Bogorodice i Josifa. Ali to dete, tu blagu svetlost postaviti pored životinje čiji je dah mogao da je odjednom ugasi...

Nemir vola i magarca postajao je sve veći iako je lav bio pristojan, dobro su to videli, ali ipak su bili potpuno paralisani pred njim. Nisu mogli ni da pomisle na to da ga napadnu, baš kao ni grom ili munju. A vo, koji je oslabio zbog posta, osećao je u sebi pre malaksalost nego ratobornost.

Lav uđe sa svojom grivom koju je češljao samo pustinjski vetar i setnih očiju koje kao da su govorile: „Ja sam lav, šta tu mogu, ja sam samo kralj životinja."

Bilo je očigledno da se brine kako da zauzme što je moguće manje mesta u štali, a to nije bilo lako, da diše tako kako ništa ne bi poremetio oko sebe, da zaboravi svoje kandže koje se mogu uvući i svoju vilicu koju pokreću veoma snažni mišići. Išao je napred oborenih kapaka, skrivajući svoje veličanstvene zube kao neku stidnu bolest i s toliko skromnosti da je očigledno pripadao onoj rasi lavova koji će jednog dana odbiti da požderu svetu Blandinu. Bogorodica se sažali i požele da ga umiri jednim osmehom nalik na one koje je čuvala za svoje dete. Lav pogleda pravo preda se, kao da želi da kaže tonom još očajnijim nego trenutak ranije:

„Ma šta sam ja to učinio da sam tako veliki i tako jak? Dobro vam je poznato da jedem samo onda kad me na to natera glad i svež zrak. A shvatate da su i lavići u pitanju. Mi smo svi više-manje pokušali da budemo biljojedi. Ali trava nije stvorena za nas. To ne ide."

Tad se lav pokloni – griva i dlake na njegovoj ogromnoj glavi kao da su ekslodirale a potom se tužno slegle na tle pored Isusovih jaslica, a usred te velike tišine koja je svima bila mučna, četkica na kraju lavljeg repa izgledala je isto tako pokunjena kao njegova glava.

Kad je došao red na tigra, on se spljošti na zemlji dok, mučeći i kinjeći telo, nije postao prava prostirka u podnožju jaslica. Potom, za nekoliko sekundi, s neverovatnom tačnošću i gipkošću postade isti kao pre i iziđe ništa više ne dodavši.

Žirafa je prilično dugo pokazivala svoje noge u otvoru vrata, i svi su jednodušno smatrali da „se to računa" kao da je obišla oko jaslica.

Isto je bilo i sa slonom: on se zadovolji time da klekne ispred praga i da sa svojom surlom načini neki pokret kao da kadi, što se svima mnogo svidelo.

Ovca s ogromnom vunom zahtevala je da je na licu mesta ostrigu: ostavili su joj runo, najlepše joj se zahvalivši.

Mama kengurica je navalila da Isusu ostavi jedno od svojih mladunaca, izgovarajući se time što poklon daje od sveg srca i što se mnogo ne lišava, jer ima i drugih kengurića kod kuće. Ali Josif nije to tako shvatio, te je morala da odnese svoje mladunče.

Noj je bio srećniji; on iskoristi trenutak nepažnje i snese jaje u jednom uglu. Potom se udalji bez šuma. Jaje su opazili tek sutradan ujutro. Taj dar za uspomenu i dugo sećanje otkrio je magarac. Nikad nije video ništa tako krupno ni tako tvrdo kao to jaje, te poverova da se dogodilo čudo. Josif ga razuveri što je bolje mogao: načini od njega kajganu.

Budući da ribe nisu mogle da se pojave jer teško dišu izvan vode, opunomoćile su galeba da ih zameni.

Ptice su odletale ostavljajući svoje pesme, golubovi svoje ljubavi, majmuni svoj mangupluk, mačke svoj pogled, grlice milozvučnost svog grla.

Želele su da se predstave i one životinje koje još nisu otkrivene i koje čekaju ime u zemlji ili u moru, u takvim dubinama da je za njih uvek noć bez zvezda i meseca, i gde se ne smenjuju godišnja doba.

Osećalo se kako u vazduhu lutaju duše onih životinja koje nisu mogle da dođu ili koje su zakasnile, insekata koji su, iako su živeli na kraju sveta, ipak krenuli na put na svojim tako majušnim nogama da su na njima mogli preći samo metar na sat, a čiji je život tako kratak da nisu ni mogli očekivati da će preći više od pedeset santimetara – i to još uz mnogo sreće.

Događala su se i čuda: kornjača se žurila, iguana je obuzdavala svoje brzo kretanje, nosorog se ljupko klanjao, papagaji su ćutali.

Nešto pre sunčevog zalaska, jedan događaj je sve rastužio. Josif, koji se umorio upravljajući povorkom celog bogovetnog dana i ništa ne prezalogajivši, u trenutku rasejanosti smrvi nogom jednog opakog pauka, zaboravivši da je i on došao da iskaže svoju počast Detetu. I uzbuđeno svečevo lice dugo je u svima izazivalo tugu.

Neke životinje, od kojih bi se očekivalo više pažnje, zadržale su se predugo u štali: vo je morao da udalji kunu, vevericu, jazavca, koji nisu hteli da iziđu.

Da bi proveli celu noć iznad jaslica, nekoliko noćnih leptira je ostalo, iskoristivši to što se po boji nisu razlikovali od greda krovišta. Ali, prvi zrak sunca ih je sutradan otkrio i, kako Josif nije želeo da bilo kome daje prednost, on ih smesta istera.

Muve, takođe pozvane da napuste štalu, zlovoljno su nagovestile da neće da idu jer su oduvek bile tu, a Josif nije znao šta da im kaže.

Natprirodne pojave u središtu kojih je vo živeo često su mu presecale dah. Pošto se navikao da zaustavlja disanje, kao što to čine azijski isposnici, i on je postao vidovit, i mada se nije tako dobro osećao u uzvišenosti kao u smernosti, upoznao je prava ushićenja. Ali obzir ga je vodio i sprečavao da zamišlja anđele ili svece. Video ih je samo ako su se stvarno nalazili u okolini.

„Jadan li sam ja", mislilo je goveče prestrašeno tim priviđenjima koja su mu se činila sumnjivim, „jadan li sam ja koji sam samo tegleća marva, ili možda čak demon. Zašto imam rogove kao on, ja koji nikad nisam činio zlo? A ako sam ipak veštac?"

Josif je primetio da vola more brige i da zbog njih naočigled mršavi.

– Ma odlazi napolje da jedeš! – uzviknu on. – Ovde si po čitav dan, petljaš nam se između nogu, uskoro će od tebe ostati samo kost i koža.

Magarac i vo iziđoše.

– Istina je da si mršav – reče magarac. – Kosti su ti postale tako šiljaste da će ti rogovi izbiti po celom telu. – Ne govori mi o rogovima!

I vo reče u sebi:

„U pravu je, da, treba živeti. Gle, ta uzmi taj lepi zeleni busen trave. A onaj drugi? Ti, dakle, zamišljaš da je otrovan? Ne, nisam gladan. Pa ipak, što je lepo to Dete! I ti veliki likovi što ulecu i izlecu i dišu svojim krilima kojima neprestano lupaju. Sav taj lepi nebeski svet koji ulazi u našu prostu staju, a ne uprlja se. Ma hajde, jedi vole, ne bavi se time! A zatim, ne smeš dopustiti da te probudi radost koja usred noći dolazi da te povuče za uši. Ne treba da ostaješ tako dugo pored jaslica klečeći samo na jednom kolenu da bi ti to pričinilo bol. Tvoja volovska koža je na zglobu kosti sva istrošena; još samo tren, i muve će doleteti da se tu postave."

Jedne noći je bio red na sazvežđe Bika da na jednom delu crnog neba čuva stražu iznad jaslica. Aldebaranovo crveno oko, veličanstveno i zapaljeno, blistalo je sasvim blizu. A rogovi i bokovi bili su mu ukrašeni ogromnim dragim kamenjem. Vo je bio ponosan što vidi da je Dete tako dobro čuvano. Svi su mirno spavali, i magarac s oborenim i spokojnim ušima. Ali se vo, mada ojačan natprirodnim prisustvom tog srodnog i prijateljskog sazvežđa, osećao slabim i izmoždenim. Mislio je na svoja žrtvovanja za Dete, na svoja beskrajna bdenja, na svoju bednu zaštitu.

„Da li me je Bik iz sazvežđa video?" mislio je on. „To veliko zvezdano oko, koje tako blista da te uhvati

28

strah, da li ono zna da sam ja tu? Te zvezde su tako visoko, tako daleko da čak ne znamo na koju stranu gledaju."

Odjednom Josif, koji se već nekoliko trenutaka vrteo na svom ležaju, ustade s rukama podignutim ka nebu. On, obično tako odmeren u svojim pokretima i rečima, evo, budi sve, čak i Dete.

– Video sam Gospoda u snu. Treba da krenemo ne časeći časa. Zbog Heroda, da, zbog njega, jer on hoće da okrivi Isusa.

Bogorodica uze svog sina u naručje kao da je kralj Jevreja već tu, u otvoru vrata, s velikim kasapskim nožem u ruci.

Magarac ustade.

– A ovaj? – reče Josif Bogorodici pokazujući vola.

– Čini mi se odveć slabim da bi mogao da krene s nama.

Vo je želeo da pokaže kako mu nije ništa. Skupio je sve svoje snage da ustane, ali se nikad nije osećao tako vezanim za tle. Tada, preklinjući za pomoć, on pogleda u sazvežđe Bika. Računao je još samo na njega da mu ulije potrebnu snagu za put. Nebesko goveče se ne pomeri, s okom podjednako crvenim i zapaljenim, i volu stalno okrenut profilom.

– Eto, ne jede već nekoliko dana – reče Bogorodica Josifu.

„O! Jasno mi je da će me uskoro ostaviti ovde", mislio je vo. „Bilo je to suviše lepo da bi potrajalo. Uostalom, na putevima bih izgledao samo kao koščata sablast koja zaostaje. Svim mojim rebrima je već dosta moje kože i ne traže ništa drugo nego da se udobno smeste ispod neba."

Magarac se približi volu, protrlja svoju njušku o preživarevu i saopšti mu da ga je Bogorodica upravo preporučila jednoj susetki i da mu neće ništa nedostajati posle njihovog odlaska. Ali je vo s poluspuštenim kapcima izgledao potpuno skršen.

Bogorodica ga pomilova i uzviknu:

– Ali, naravno, mi ne krećemo na put. Hteli smo samo da te uplašimo!

– To se podrazumeva, odmah se vraćamo – dodao je Josif. – Usred noći se ne ide na neki dalek put.

– Noć je veoma lepa – nastavi Bogorodica – te ćemo to iskoristiti da se dete nadiše vazduha. Ovih dana je pomalo bledunjavo.

– To je cela istina – reče sveti čovek.

To je laž iz milosrđa. Vo je to shvatio, i ne želeći da smeta onima koji odlaze u njihovim pripremama, pretvarao se da je pao u dubok san. To je bio njegov način laganja.

– Zaspao je – reče Bogorodica. – Stavimo pored njega slame iz jaslica da mu ništa ne nedostaje kad se probudi. Ostavimo mu sviralu nadohvat daha – nastavi ona sasvim tiho – voli da svira u nju kad je sam.

Spremali su se da krenu. Vrata štale su zaškripala.

„Trebalo je da ih podmažem uljem", pomisli Josif, koji je strahovao da ne probudi vola, ali se on i dalje pravio da spava.

Vrata su ponovo brižljivo zatvorena.

Dok je magarac koji je stražario pored jaslica malo-pomalo sve više ličio na onog iz bekstva u Egipat, vo je ostao očiju prikovanih za tu slamu gde je još maločas počivalo Dete Isus.

Dobro je znao da je nikad neće dirnuti, baš kao ni sviralu.

Sazvežđe Bika se u jednom skoku vrati u zenit i jednim jedinim udarcem roga učvrsti na nebu, na mestu koje više nikad neće napustiti.

Kad je nešto posle sunčevog izlaska ušla susetka, vo je već prestao da preživa.

NEZNANKA IZ SENE

„Verovala sam da se ostaje na dnu reke, ali gle, ponovo se penjem", zbunjeno je mislila ta devetnaestogodišnja utopljenica koja je napredovala između dve obale.

Nešto posle Aleksandrovog mosta osetila je veliki strah kad su je neprijatni predstavnici Rečne policije svojim čakljama udarili u rame, uzalud pokušavajući da je zakače za haljinu.

Srećom, padala je noć te su ubrzo odustali.

„Da budem ponovo upecana", mislila je ona, „izložena pred tim ljudima na stolu u mrtvačnici, a da ne mogu da načinim ni najmanji pokret kako bih se odbranila, ustuknula, niti čak da podignem mali prst. Da mi, mrtvoj, miluju nogu. A nijedne žene, nijednog ženskog stvora svuda unaokolo da me osuši i da me poslednji put dotera."

Najzad je prošla kroz Pariz, i sad se brzo kretala između dve obale ukrašene stablima drveća i pašnjacima, pokušavajući da se u toku dana zaustavi u nekom rečnom rukavcu, kako bi putovala samo noću, kad jedino mesec i zvezde dolaze da se taru o krljušti riba.

„Kad bih mogla da se dočepam mora, ja koja se sad ne plašim ni najvišeg talasa!"

Napredovala je ne znajući da joj na licu blista treperav osmeh, ali postojaniji od osmeha neke žive žene koji uvek zavisi od spoljašnjih događaja.

Dočepati se mora, te tri reči su joj sad pravile društvo u reci.

Oborenih kapaka, spojenih nogu, s rukama što se povinuju vodi, ljuta zbog nabora koje joj je ispod kolena pravila jedna od njenih čarapa, s grlom koje je još tražilo neku snagu od života, ona je napredovala, beznačajna i neodređena novinska vest, ne upoznavši nikakav drugi postupak osim ponašanja stare francuske reke koja je, prolazeći uvek istim okukama, slepo hrlila ka moru.

Kad je prolazila kroz neki grad („Da li sam u Nantu, da li sam u Ruanu?"), nekoliko trenutaka su je vrtlozi zadržali uz svod jednog mosta, i trebalo je da remorker prođe sasvim blizu tog mesta i uzmuti vodu da bi ona mogla da nastavi svoj put.

„Nikad, nikad neću stići do mora", mislila je ona polovinom svoje treće noći u vodi.

– Ali vi ste u njemu – reče joj neki muškarac koji se nalazio sasvim blizu nje i koji je, kako je naslućivala, bio veoma visok i nag. On joj veza olovnu polugu oko nožnog članka.

Potom je uhvati za ruku s toliko dostojanstva i samopouzdanja da se ona možda ne bi više opirala ni da je bila nešto drugo a ne mala utopljenica.

„Treba da se oslonim na njega, ja koja više ništa ne mogu sama."

I devojčino telo se kupalo u sve dubljoj vodi.

Kad su se dočepali peščanih sprudova koji čekaju ispod mora, više svetlucavih bića krenuše ka njima, ali ih muškarac – bio je to „Veliki Mokri" – udalji jednim pokretom.

– Imajte poverenja u nas – reče on mladoj devojci. – Greška je, vidite, u tome što čovek još hoće da diše. Neka vas ne plaši ni to što osećate u sebi srce koje skoro više nikad ne kuca, osim kad se prevari. I ne držite tako stisnute usne kao da vas je strah da ne progutate morsku vodu. Ona je sad za vas ono što je nekad bila slatka voda. Nemate sad više ničega da se plašite, čujete li, baš ničega. Osećate li kako vam se vraćaju snage?

– Ah! Sad ću se onesvestiti!

– Nipošto. Da biste se što brže navikli, prebacujte iz jedne ruke u drugu fini pesak koji vam je kraj nogu. Nije teško ići brzo. Da, tako. Uskoro ćete ponovo pronaći svoju ravnotežu.

Svest joj se potpuno vratila. Ali je odjednom opet obuze veliki strah. Kako to da je razumela tog mornara ponorâ a da on nije izgovorio ni jednu jedinu reč u svoj toj vodi? Ali njen strah nije dugo trajao: opazila je da se čovek izražava jedino fosforescentnim zračenjem svog tela. I njene su nage i lake ruke, umesto odgovora, oslobađale slabu svetlost kao svici. A i Blistavi oko njih sporazumevali su se na isti način.

– A sad, mogu li da saznam odakle dolazite? – zapita Veliki Mokri koji je prema njoj neprekidno bio okrenut profilom, kako su nalagali običaji Blistavih kad bi se muškarac obraćao devojci.

– Ne znam više ništa o sebi, čak ni svoje ime.

– Onda ćete biti Neznanka iz Sene, eto, to je sve. Verujte da ni mi nismo ništa obavešteniji o sebi. Znajte samo da je ovde velika kolonija Blistavih i da tu nećete biti nesrećni.

Ona je tako brzo treptala kao kad nekome smeta preterano jaka svetlost, tako da Veliki Mokri dade znak svim ribama-bakljama, osim jednoj, da se povuku. Da, oko njih je bilo riba koje su osvetljavale dubine i koje su uglavnom ostajale nepokretne.

Ljudi svih doba starosti radoznalo su se približavali. Bili su nagi.

– Da li imate neku želju? – zapita Veliki Mokri.

– Želela bih da zadržim svoju haljinu.

– Zadržaćete je, devojko, to je bar jednostavno.

A u očima, u sporim i učtivim pokretima tih stanovnika dubina takođe se uočavala želja da se novopridošloj učini usluga.

Smetala joj je olovna poluga vezana za nogu. Maštala je o tome kako da se nje oslobodi ili da barem razlabavi čvor čim prestanu da je gledaju. Veliki Mokri nasluti njenu nameru.

– Naročito nemojte dirati u to, preklinjem vas, izgubićete svest i ponovo ćete se popeti na površinu, ako ipak uspete da prođete kroz veliku branu morskih pasa.

Mlada devojka se pomiri sa sudbinom i, podražavajući one koji su je okruživali, poče da pravi pokret rukom kao da odstranjuje alge i ribe. Bilo je sijaset veoma radoznalih ribica koje su kao muve i komarci neprestano tumarale oko njenog lica i oko njenog tela, čak je i dodirujući.

Jedna ili dve krupne ribe-sluge ili ribe-čuvari (retko tri) vezivale su se za svakog Blistavog i obavljale mu sitne usluge – držale im različite predmete u ustima ili im čistile leđa od morskih trava koje su ostale zalepljene za njih. One bi dojurile na najmanji znak, ili čak i pre. Ponekad bi njihova preterana predusretljivost išla na živce. U ribljim očima videlo se pošteno i naivno divljenje koje je ipak pričinjavalo zadovoljstvo. I nikad niko nije video Blistave kako jedu ribice koje su bile u njihovoj službi.

„Zašto sam se bacila u vodu?", pitala se novopridošla. „Ne znam čak ni da li sam gore bila žena ili devojka. Moja jadna glava naseljena je još samo algama i školjkama. I gorim od želje da kažem kako je to veoma *tužno,* mada ne znam više tačno šta ta reč znači."

Videći je tako žalosnu, približi joj se jedna druga mlada devojka koja se utopila dve godine ranije i koju su zvali Prirodna.

– Boravak u dubinama, videćete – rekla joj je ona – uliće vam veoma veliko samopouzdanje. Ali čulima treba ostaviti dovoljno dugo vremena da se izmene, da postanu dovoljno čvrsta, kako se telo ne bi ponovo popelo na površinu. Da se ne ode tamo iz želje za jelom i pićem. Te detinjarije brzo prolaze. I mislim da će uskoro pravi biseri izići iz vaših očiju kad to budete najmanje očekivali, a to će biti predznak prilagođavanja.

– Čime se ovde bavite? – zapita Neznanka iz Sene posle izvesnog vremena.

– Ima hiljadu raznih poslova: uveravam vas da se ne dosađujemo. Posećujemo morsko dno da bismo tamo skupljali usamljenike i da bismo ih doveli ovamo i uvećali moć naše kolonije. Kakvo uzbuđenje kad otkrijemo nekog od njih, koji veruje da je osuđen na večnu samoću u našem velikom zatvoru od kristala! Kako se samo povodi i hvata za morske biljke! Kako se skriva! Misli da svuda vidi ajkule. A potom, pojavljuje se čovek, isti kao on, koji dolazi i, kao bolničar posle bitke, odnosi ga u svom naručju ka oblastima gde neće više imati bilo čega da se plaši.

– A da li često viđate lađe koje tonu?

– Samo sam jednom videla kako na morsko dno padaju hiljade i hiljade stvari namenjenih površini. Sve to što nam je odozgo stizalo, padalo je u vodu: posuđe, koferi, užad i čak dečja kolica. Trebalo je otići da se pomogne onima koji su ostali u kabinama, da im se najpre skine pojas za spasavanje. Snažni Blistavi, sa sekirom u ruci, oslobađali su utopljenike. I, skrivajući sekiru, umirivali su ih što su bolje mogli i umeli. Sređivali su namirnice svih vrsta u skladišta koja se nalaze ispod naše zemlje, one ispod mora.

– Ali nama te namirnice nisu više potrebne?

– Pravimo se kao da jesu kako bismo lakše provodili vreme.

Neki čovek se približavao držeći za uzdu konja. Sjajna životinja, pomalo nagnuta, blistala je i takvim divotama kao što su: dostojanstvo, pristojnost, pomirenost sa smrću. I kako su svetlucali svi ti mehuri od živog srebra oko njenog tela!

– Imamo veoma malo konja – reče Prirodna. – To je ovde velika raskoš.

Tu životinju koja je na leđima nosila sedlo amazonke čovek privede Neznanki iz Sene.

– Dar od Velikog Mokrog – reče on.

– O! Neka mi oprosti, ali ne osećam se još dovoljno snažnom. I odbijeni konj se okrenu sa svom svojom dostojanstvenošću i krasotom, kao da ga više ništa na svetu ne može izmeniti ni uzbuditi.

– Znači da ovde zapoveda Veliki Mokri? – zapita Neznanka iz Sene koja je u to bila čvrsto uverena.

– Da, on je najjači od svih nas i najbolje poznaje oblast. I toliko je snažan da se može popeti gotovo do površine. Neki priglupi čak tvrde da raspolaže novostima o suncu, zvezdama i ljudima. Ali to nije tačno. I to je već dovoljno lepo kad je neko kadar da se popne tako u susret utopljenicima koji lutaju. Da, ima bića potpuno nepoznatih na zemlji, a koja su ispod mora stekla veliki ugled. U istoriji koju predaju gore nećete naći ni traga o francuskom admiralu Bernaru de la Mišletu, ni o njegovoj ženi Pristini, ni o našem Velikom Mokrom koji se, utopivši se kao obični mali na brodu kad mu je bilo dvanaest godina, tako dobro osećao u podmorskoj sredini da je strahovito porastao i postao džin naše faune.

Neznanka iz Sene nije skidala svoju haljinu čak ni onda kad je spavala; to je bilo sve što je sačuvala od svog pređašnjeg života. Zahvaljujući naborima i vlažnosti svoje odeće odlikovala se čudesnom otmenošću među tim razgolićenim ženama. A izgleda da su muškarci želeli da saznaju kakav je oblik njenih grudi.

Mlada devojka koja je želela da joj oproste zbog njene haljine, živela je povučeno i možda previše skromno. Provodila je svoj dan u branju školjki za decu ili za najsiromašnije i najosakaćenije među utopljenicima. Ona je uvek prva pozdravljala i često se izvinjavala, čak i ako za to nije bilo razloga.

Neznanku iz Sene je svaki dan posećivao Veliki Mokri, i ostajali bi tu oboje svetlucajući u mraku kao kapi Mlečnog puta, čedno ispruženi jedno pored drugog.

– Mora da smo dosta blizu obale – reče ona jednog dana. – Kad bih mogla da se ponovo popnem rekom, da čujem nekoliko gradskih šumova, ili samo zvono tramvaja što prolazi kasno u pola noći!

– Jadno dete, to je ružna uspomena. Zaboravljate li da ste mrtvi i da biste se izložili opasnosti da vas gore strpaju u najodvratniji zatvor? Živi ne vole da mi lutamo i brzo nas kažnjavaju zbog naših skitnji. Ovde ste slobodni, bezbedni.

– Vi, znači, nikad ne mislite na one stvari gore? One mi se često vraćaju u sećanje, jedna po jedna i bez ikakvog reda, što me jako rastužuje. U ovom trenutku, evo lepo lakiranog hrastovog stola, ali sasvim samog. On iščezava i gle, pojavljuje se zečje oko. A sad je tu otisak volovske noge u pesku. Sve to kao da mi se javlja s nekom porukom, a ne govori mi ništa drugo osim o svom prisustvu. A kad mi dolaze po dve stvari zajedno, one nisu stvorene da budu par. Ovde vidim trešnju u vodi nekog jezera. A recite mi šta da učinim s tim galebom u postelji, s tom mladom jarebicom na staklu velike lampe što dimi? Da li ima nečeg beznadežnijeg! Ti odlomci života, bez života, da li se to, dakle, naziva smrću?

I dodala bi za sebe:

„I vi koji ste tu, pored mene, s profila, kao ratnik isklesan u santi leda.“

Jedna za drugom, majke su zabranjivale svojim kćerima da posećuju Neznanku iz Sene zbog njene haljine koju je nosila i danju i noću.

Utopljenica, čiji je razum bio poremećen i posle smrti i koja nije mogla da se smiri, reče:

– Ali ona je živa. Kažem vam da je ta devojka živa. Da je kao mi, bilo bi joj sasvim svejedno da li nosi ili ne nosi haljinu. Mrtvim ženama nije više stalo do tih ukrasa.

– Ma ćutite, izgubili ste razum – reče Prirodna. – Kako može da bude živa ispod mora?

– Istina je da se ne može živeti ispod mora – odgovorila bi utučena luda, kao da bi se odjednom prisetila davno naučene lekcije.

Ali to je nije sprečavalo da posle izvesnog vremena opet dođe i ponavlja:

– A ja vam kažem da je ona živa!

– Hoćete li da nas ostavite na miru, ćaknuta ženo? – odvraćala je Prirodna. – Ipak ne bi trebalo dozvoliti da se tako nešto govori!

Ali jednog dana, i ona sama, koja je uvek bila najbolja Neznankina prijateljica, približi joj se s takvim izrazom na licu kao da hoće da kaže: „I ja sam kivna na vas.“

– Zašto vam je toliko stalo do haljine, i to na dnu mora? – upita Prirodna.

– Čini mi se kao da me brani od svega onoga što još ne razumem.

Tad jedna žena, koja joj je već prigovarala, uzviknu:

– Odista je suviše zadovoljna što na taj način pada u oči! Ona je samo mala razvratnica. Ja sam, uveravam vas, bila majka porodice na zemlji. I da je moja kći kraj mene, ne bih oklevala da joj kažem: ’Skinite svoju haljinu, čujete li me!’ I ti je skini! – reče ona Neznanki, kojoj se obraćala sa ti da bi je ponizila. (To je na dnu mora bila najveća uvreda.) Ili se čuvaj ovoga, draga – reče ona preteći joj makazama, koje konačno besno baci kraj nogu mlade devojke.

– Hoćete li da odete! – reče Prirodna, uzbuđena tolikom pakošću.

Kad je ostala sama, Neznanka koliko je mogla sakri svoj bol u teškoj i ćudljivoj vodi.

„Da to nije“, mislila je ona, „ono što na zemlji zovu zavišću?“

I, videći kako joj se iz očiju tužno kotrljaju teški biseri, ona dodade:

– Ah! Nikad! Ne mogu, niti hoću da se naviknem!

Ona pobeže u puste oblasti toliko brzo koliko joj je to dozvoljavala olovna poluga koju je vukla na nozi.

„Užasna iskrivljena lica života“, mislila je ona, „ostavite me na miru. Ta ostavite me već jednom na miru! Šta da činim s vama, kad ostalo više ne postoji?“

Kad je daleko iza sebe ostavila sve ribe-baklje i kad se obrela u dubokoj noći, ona čeličnu žicu, svoju vezu s morskim dnom, preseče crnim makazama koje je pokupila pre nego što je pobegla.

„Najzad sasvim umreti“, mislila je ona penjući se kroz vodu.

Utopljenica iz Sene jako zablista fosforescentnim sjajem u morskoj tami, a zatim se zauvek ugasi. Tad joj se na usne vrati osmeh utopljenice koja luta. A njene omiljene ribe nisu oklevale da pođu za njom, da se jedna za drugom uguše, kako je ona postepeno stizala u pliće vode.

NEBESKI ŠEPAVCI

Senke nekadašnjih stanovnika Zemlje behu okupljene na širokom nebeskom prostoru; koračale su po vazduhu kao što bi to živi činili po Zemlji.

A Senka koja je bila čovek u preistorijsko vreme govorila je u sebi:

„Vidite, ono što bi nama trebalo, to je prostrana, dobro zaštićena pećina i nekoliko kamenova za paljenje vatre. Ali kakva beda! Ničeg čvrstog oko nas, ničega osim sablasti i praznine.“

A otac porodice iz modernih vremena je ono što je smatrao svojim ključem s predostrožnošću uvlačio u svoju ključaonicu i pravio se kao da s najvećom pažnjom zatvara svoja vrata.

„Tako, vratio sam se kući“, mislio je. „Eto, završen je jedan dan; sad ću večerati i mirno leći.“

Sutradan se pravio da mu je u toku noći porasla brada, te se dugo sapunao četkicom za brijanje načinjenom od magle.

Da, sve to, kuće, pećine, vrata, čak i lica bogatih građana koji su jednom imali rumenu boju kože, bili su sad samo još sive senke koje se sećaju, veliki bogalji čije je celo telo bilo kljasto, aveti ljudi, gradovâ, rekâ, kontinenata, jer se gore mogla ponovo pronaći vazdušna Evropa sa celom Francuskom, s njenim Kotantenom i Bretanjom, poluostrvima od kojih nije želela da se odvoji, i Norveška čiji nijedan fjord nije nedostajao.

40

Sve što se činilo na Zemlji odražavalo se na taj deo neba, čak i kad bi promenili kaldrmu u nekoj beznačajnoj ulici.

Moglo se videti kako prolaze duše vozila svih vekova, dvokolicâ kraljeva lenština, rikši, kamioneta, automobila, omnibusa, nosiljki.

A oni koji kao prevozno sredstvo nikad nisu upoznali ništa drugo osim svojih stopala, služili su se samo svojim stopalima.

Neki još nisu verovali u elektricitet, drugi su tvrdili da samo što nije otkriven, treći su okretali zamišljene prekidače i mislili da vide jasnije.

Glas, jedini koji se čuo u tim međuzvezdanim prostorima i koji je dopirao neznano otkuda, s vremena na vreme bi svakome govorio u ono što je nekad bio njegov ušni kanal:

„Uostalom, ne zaboravite da ste samo senke."

Ali svako bi shvatao smisao tih reči samo tokom četiri do pet sekundi, posle čega bi bilo kao da ništa nije rečeno. Senke su ponovo verovale u sve ono što su činile, sledile su svoju zamisao.

Behu lišene govora, čak šapata.

Ali duša je bila tako providna da je, čim bi se zapodenuo neki razgovor, bilo dovoljno stati preko puta svog *sagovornika,* ako se tako može reći.

Mogla se iznenaditi neka majka kako misli ispred svog sasvim malog sina, kao da se on odista izlagao opasnosti:

„Pazi, pašćeš i ubićeš se!"

A pored neke susetke:

„Juče mi je stigao iz gimnazije s raskrvarenim kolenima."

Ne bi li sakrili svoja osećanja, dešavalo se da su bili prinuđeni da pobegnu što ih noge brže nose, da se usame, ako je to bilo moguće. Ali većina ljudi je stekla naviku da ne misli ni na šta tajno, da se izražava na savršeno uglađen način.

Svako je uvek izgledao tako kao da je u istom dobu starosti, ali to nije sprečavalo roditelje da pitaju svoju decu šta kane da rade docnije, i da smatraju kako su ona mnogo, odista mnogo porasla i uspela, što je za njih bilo pravo zadovoljstvo. Ali kad su se mladi ljudi ljubili, činili su to ravnodušno.

Slepci su tu videli podjednako kao i ostali i pretvarali se da koračaju bez štapa, ali su i dalje glavu držali zabačenu suviše unazad kao da žele da izbegnu prepreke, koje, avaj, nisu postojale.

A muškarac koji je upoznao veliku ljubav na zemlji, često je menjao pločnik u nadi da će biti srećniji na suprotnoj strani. (To je bio slučaj Šarla Delsola, što ćete uskoro videti.)

Ponekad su, nimalo ne pateći zbog toga, najnovije pridošlice čupale sebi srce, sivu drhtavu masu koju bi bacale pred svoje noge, dugo gledale u nju i udarale je stopalima. Potom bi skromno i nepromenjeno srce ponovo mirno zauzimalo svoje mesto u grudima senke od čoveka, a da on nije uspevao ni da pati niti da plače.

Tešili bi novajlije koji još nisu znali šta da čine sa svojom senkom i koji se nisu usuđivali da postave jedno stopalo ispred drugog, ni da podignu ruku u znak pozdrava, prekrste noge, niti da trče, skaču s poletom i bez njega – sve ono što su davno prispeli radili bez teškoće. Sve vreme su stajali tu gledajući oko sebe, pipajući se kao da su izgubili novčanik.

„To će proći, odista će se završiti jednog dana.“

Završiti jednog dana.

„Ne treba vas žaliti“, govorili su im. „Ima i nesrećnijih.“ I kažiprstom bi upirali u mesto gde se u tom trenutku morala nalaziti Zemlja, nevidljiva Zemlja. A sasvim mala deca, čak i novorođenčad, znala su tačno gde se ona nalazi, čak i kad bi ih naglo probudili usred noći da im postave to pitanje.

Nisu čuli nikakav šum, a kako su samo čuljili uho! Kako su vrebali sive usne muškaraca i žena, kako su se naginjali nad kolevke, nadajući se da će se najzad iz njih začuti neki glas!

Okupljali su se čas kod jednog, čas kod drugog da *slušaju* neki muzički komad sviran na bestelesnom violončelu, ili da bi svako, prepustivši se svojoj mašti i prema svom ukusu, razabrao neki kvartet kamerne muzike ili zvuk velikih orgulja, ili solo flaute, ili pak šum vetra u jelama kroz pljusak kiše.

Neki čovek, koji je bio veliki pijanista, sede jednog dana za svoj utvarni klavir i pozva prijatelje da dođu i vide kako svira. Svako je shvatio da će to biti nešto Bahovo. Smatrali su da će, s obzirom na genijalnost izvođača i kompozitora, uskoro nešto čuti. I zvanice su u velikoj nadi pomerale glave nadesno i nalevo. Neki su mislili da to svira sâm Bah. To je odista bio on. Svirao je Tokatu i Fugu. Pratili su sa strašću sviranje umetnika i svako je poverovao da ga odista čuje. Na kraju komada svi su počeli da oduševljeno tapšu rukama, ali bilo je očigledno da iz njih ne izlazi nikakav zvuk. Tada, shvativši da se nije dogodilo čudo, pohitali su da se što je moguće brže vrate svojim kućama.

Ali Senke su bile naročito tužne zbog toga što ništa nisu mogle da uhvate. Sve je oko njih izgledalo nestvarno. Imati krajičak nokta, vlas, okrajak hleba, bilo šta, ali nešto čvrsto!

Jednog dana, besposličari, koji su šetali po onom što se obično smatralo javnim trgom, ugledaše dugačku kutiju od pravog drveta, odista belu. Senke su tako često bile prevarene svojim željama da nisu odmah shvatile značaj te stvari, te poverovaše da im se samo priviđa, da je ta kutija nešto malo više nalik na pravu nego obično. Ali bili su iznenađeni kad je neki paker, poznat po živahnosti duha, okrećući se na sve strane da bi se suočio s nevernicima, izjavio da je to tamo odista čamovina, drvo kao na Zemlji.

Tad se ogromno mnoštvo bića iz svih vremena sleže oko kutije: Goti, koze, vukovi i Vizigoti, Huni, protestanti, mošusni pacovi, lisice i divlje patke, katolici, Rimljani široke glave, lepotani, svi pomešani s romantičarima i klasicima, pumama, orlovima i bubamarama. Okružili su je tako strašnim ćutanjem da je ona gotovo prskala po šavovima od njega[1].

„Doći će ubrzo do nekog preokreta, nešto će se uskoro promeniti! To je zato što je život već postao nemoguć! Pošto je to tamo kutija od pravog čamovog drveta, da neće sunce početi odjednom da sija i neće li već jednom zameniti tu jadnu svetlost koja uvek ista dolazi neznano otkuda i koja nije ni pravi dan ni prava noć, već nekakav prljavi talog na nebu. Istina je, ptice ponekad uspevaju da dolete do ovdašnjeg neba, ali treba videti kako su, sve zadihane, prinuđene da se u svakom trenutku zaustave u praznom prostoru, a ponekad, ako navaljuju, s njih otpada čitava pregršt mrtvog perja, i one padaju, čitavu večnost padaju.“

Pošto niko nije uspeo da podigne poklopac kutije, više od sto hiljada Senki je tražilo da se stražari pored nje da bi... ili iz straha da... ili zato što... Pretpostavke nisu bile verovatne, gubile su se kao potočići etera u Sahari neba.

„Ne prepuštajmo se tako brzo ludim varkama“, govorili su oni koji su na Zemlji doživeli duboku starost. „Zbog jedne proste kutije koja je, možda, prazna!“

Ali nisu gubili nadu. Jedna Senka, za koju nisu znali odakle je došla, tvrdila je da će sledeće nedelje (govorili su nedelja, ali je ponekad bilo dugih rasprava o tome da li je to odista nedelja) ugledati pravog bika i da će on pasti travu ispred svih, da će ga možda čuti kako riče pred kraj predstave.

– Vele da je to crni lepotan, tu i tamo prošaran belim pegama.

----

[1] Zato što su sve te Senke bile providne, čak su i mala deca s bilo kog mesta mogla da vide kutiju, a da nisu morala da se popnu na vrhove prstiju.

– Više nego bika, voleo bih da vidim ajgira, mešanca engleske i arapske pasmine kako kasa ispred nas, pa makar samo pet minuta. Posle toga bih, čini mi se, bio vekovima srećan.

– A ja svog psa foksterijera kako se šeta sa mnom po okrugu Sene i Marne.

– A! s vama?

Prostruja glas da će Senke uskoro videti svoja tela takva kakva su bila na Zemlji, iste boje kao nekada, tačno onoliko teška koliko su nekad bila.

– Gle, siguran sam da ćete me jednom u toku ova četiri jutra videti kako odlazim u svoju kancelariju i silazim stepenicama na stanici metroa Šatle.

– Videćemo i onaj dan – mislio je drugi – kad sam trčao kao bez duše i kad bih, da šef stanice nije bio tako ljubazan da nešto kasnije dune u pištaljku, sigurno zakasnio na svoj voz za Lisabon.

Moći će da jedni druge prijateljski pozivaju i da ispituju kakvi su bili na dan svog venčanja ili kad su dobili telegram s vešću o očevoj smrti, ili nekog drugog dana.

– Ma nemojte, nećete nas ubediti u to.

– Ali zašto da ne? Smatram da je to i te kako moguće. Ne može biti uvek isto ovako. Ta hajdete, razmislite malo!

– I sve to zbog jedne zlosrećne kutije od čamovine!

– Ali to je veoma značajno! Pomislite samo na milijarde Senki koje su dosad bile lišene prisustva svakog čvrstog tela.

Ali se ne dogodi nikakvo drugo čudo i kutija nedeljama i mesecima ostade na javnom trgu, okružena sve malobrojnijom stražom. Potom ostade sasvim sama.

Posle te velike prevarene nade, Senke stadoše da izbegavaju jedna drugu ne bi li od samih sebe sakrile svoju strašnu obeshrabrenost. Nikad nisu tako patile zbog svoje praznine. Odlazile su usamljene, a brat je izbegavao brata, muž – ženu, ljubavnik – ljubavnicu.

Šarl Delsol nije znao koliko je već dugo vremena mrtav i otkad je u doslovnom smislu reči postao svoja vlastita senka. Nekoliko dana pre svoje smrti nije viđao Margeritu Dernod, tako da nije znao da li je još živa. Sećao se dana kad ju je video prvi put u biblioteci Sorbone. Sedela je preko puta njega. Brz pogled, kao potez kičicom – i saznao je da je crnka. Potom, posle četvrt sata rada (on je studirao filozofiju), bacio je na nju drugi pogled – da bi saznao pravu boju njenih očiju. Deset minuta rada, i poslednji pogled – da bi video kakvi su ručni zglobovi i ruke mlade devojke. Potom je malo razmislio – da bi te različite delove sjedinio u živu celinu.

Svakog dana bi seo preko puta nje i nije joj upućivao nijednu reč, jer je zbog svoje hromosti bio veoma stidljiv. Odlazio je uvek prvi i, uprkos svemu, brzo. Jednom je ona ustala da bi otišla po neku knjigu. I ona je ćopala.

„Sad ću imati više hrabrosti“, reče najpre u sebi Šarl Delsol.

Potom mu se ta pomisao učini nedostojnom njega i nje.

„Kao ni ranije, neću s njom razgovarati“, pomisli on.

Margerita Dernod beše besna što neprekidno oseća na sebi pogled tog mutavca. I zbog te trampe hromosti koju joj je, izgleda, predlagao!

Jednog dana u mesecu martu, pošto je ona širom otvorila prozor, čula je Delsolovog suseda kako mu tiho govori:

– Ako vam je hladno, treba samo da tražite dozvolu da zatvorite prozor. To je sasvim prirodno, utoliko više što ste već bolesni.

– O! ja se prosto gušim – reče on. I nije se pomerio.

Ipak se svim silama trudio da savlada hladnoću, a pokušao je da zadrži toplotu tako što je pravio neke skoro nevidljive pokrete zatežući mišiće ramena ili nogu, ili trljajući grudi šakom prodenutom ispod svog prsluka. Ali, studentkinja ga je ljutito pogledala kao da joj smeta da radi. Tad se on ukipi. Osećao je da mu sama smrt opipava ramena, grudi, noge, izjavljujući kako je dobra lovina. Kad se vratio kući, nije čak imao snage ni da zapali sebi vatru. I umro je posle tri dana.

Kad je stigao gore, Šarl Delsol je nastavio svoja proučavanja u biblioteci Sorbone, čija je slika i prilika postojala usred neba.

Jednog dana on ugleda jednu Senku kako sedi preko puta njegovog stalnog mesta i ona ga smesta podseti na siluetu Margerite Dernod.

Šarl Delsol pomisli: „Ona na isti način drži svoju torbu i nekako je naglo otvara. Ali šta je to bilo s njenim licem? Nosi kratak ogrtač kao u Parizu i ne obraća pažnju na mene ništa više nego na Zemlji. Ali zašto više nikad ne otvara prozor?" Zaboravio je da se sve ono što misli vidi u njegovoj prozirnoj duši, a siva mlada devojka, primakavši se, reče mu tiho kao što zbore mrtvi:

– Kažite mi, gospodine, niste li umrli zato što onog dana nisam zatvorila prozor?...

– O! ne, smrskao me je taksi!

I on se okrenu da bi sakrio svoju misao.

Nekoliko dana kasnije, oni iziđoše zajedno iz biblioteke. A njihovi drugovi su govorili u sebi:

„Ta šta im je, i jednom i drugom, da koračaju tako kao zaljubljeni; treba biti šepav pa imati takve primisli! Kao da to ovde čemu služi!" I mada je pozamašna torba njegove prijateljice bila lakša od najlakšeg pera, Delsol je predložio da je ponese. Ona se smejala, ali je on govorio veoma ozbiljno.

Najzad, ona pristade da mu je preda, iako je smatrala da je to pomalo smešno, naročito kad to želi da učini student koji je već izvesno vreme mrtav, pa je, prema tome, prepun iskustva.

Ali jedva da je uzeo torbu kad oseti da ona ispod njegove miške dobija težinu. I svojevrsno zadovoljstvo penjalo mu se u ono što su mu bile ruke. Telo Šarla Delsola beše još sivo, ali blistave i gotovo svetle sive boje, ružičastosivo i takoreći vešto skriveno sivim oblakom. I učini mu se da mu se rađaju ruke, ali požuri da ispod svoje odeće od senke sakrije te dve uznemirujuće izrasline koje su po svaku cenu želele da svaka ima po pet prstiju.

– Danas mi čudno izgledate! – pomisli Margerita Dernod. – Da vas nešto ne boli?

– Vi dobro znate da je to nemoguće.

A kako je on načinio kretnju kao da protestuje, oseti žestok bol u svom ručnom zglobu, i torba mu iskliznu iz ruku. Pravi rečnici Kišraa i Gelzera ispadoše iz nje svom svojom težinom i sa svojim stranicama označenim brojevima.

Uzbuđena studentkinja poče da trepće, i to su bile prave trepavice mlade devojke sa Zemlje. I oči su joj bile kao nekad plave na licu koje je još bilo beživotno. Ona ostade nepomična kao posle nadljudskog napora, zatim se veoma brzo ukazaše: nos, usne, obrazi, nešto crveniji nego na Zemlji. I daleko od toga da je bila naga, na njoj je bila odeća kakve su nosile mlade devojke 1919, one godine kad je umrla.

Bilo je pomalo hladno i suvo, te su iz nosa mladića i devojke izlazili lepi stubovi pare od njihovog daha.

Čak i ne hajući za nekoliko Senki koje su se nalazile pored njih, oni u dugom poljupcu spojiše svoje usne koje su se vratile. Zatim, pokrenuti novim snagama, oni se razdragano uputiše ka javnom trgu gde se nalazila kutija od belog drveta. Bez po muke je otvoriše.

48

Bilo im je dovoljno da poklopac podignu svojim ruka-
ma koje nisu ništa izgubile od nekadašnje spretnosti.
Pronađoše tu više predmeta koji su im pripadali na
Zemlji, a, pre svega, jednu kartu neba, jasnu i divno
obojenu, koja ih je pozivala na putovanje. Ti pozivi su
bili utoliko ubedljiviji što bi na onom mestu gde bi pao
pogled mladih ljudi karta neba oživela i obasipala ih
nagovorima i savetima.

RANI

Mada je jedini iz svog plemena bio odgojen u velikom gradu, za vođu su ga izabrali tek kad je pobedio u gladovanju. Od takmičara koji su jedan po jedan napuštali megdan, Rani je devetog dana ostao sam, ispružen između volovskih koža kao suva klada.

Od početka takmičenja, vreme je za njega dobilo izgled velikog časovnika sa šest lica mladih devojaka raspoređenih oko cifarnika. Bila su to lica onih devojaka koje su mu svakih četiri sata donosile vodu i listove koke koje je jedva sisao sad kad nije više imao snage da žvaće. Ali on se i dalje takmičio u nadi da će još jednom moći da izdrži dok ne dođe na red Jara, njegova verenica. Ona mu je jednim pogledom govorila: „Samo hrabro, dogodiće se divne stvari!"

Kad bi se približavala noć, mislio je da čuje korak dalekih konjica koje su ostajale uvek na istom rastojanju, uprkos njihovim očajničkim naporima da dopru do njega. A visoki ispošćeni likovi ulazili su mu pod šator sa svojim fosfornim kotaricama. Jedan je blago obarao Indijančeve kapke, a drugi ih je ponovo podizao. Neki bi se dočepali njegove jetre, istiskivali iz nje sav sok, ili bi brižljivo kao hirurzi uvlačili prazne igle u njegova krsta. Potom bi se svi okupili šapućući dok bi ispred Ranijevih očiju proletali slabašni vrapci smrti.

U prvim satima desete noći on vide kako pored njegovog uzglavlja leži i pokazuje svoje desni od peska velika jednogrba kamila iz poslednjeg sna, koja je dvadeset puta uzastopce pokušala da se uspravi na svoje već gotovo bestelesne noge. Tada, iz straha da ne popusti napredovanju životinja koje čekaju u nama i oko nas svoj red da žive na naš račun, Indijanac, krajem svojih usana, od kojih je jedna bila bela a druga već ljubičasta, dade znak da pristaje na prekid gladovanja.

Nekoliko dana kasnije, novi poglavica, koji je tad još bio veoma slab, htede da pođe u susret Jari, koja je stajala pored ognjišta plemena. Ali ga uhvati vrtoglavica i on pade u vatru gde mu lice izgore do kosti. Svi su sad obarali glavu i udaljavali se kad bi prolazilo to upola izgorelo lice, koje je izgledalo tako kao da još plamti, kao da ga raspaljuje neki demon? Rani je mislio da se i Jara skriva od njega, kad ugleda svoju verenicu (ali da li je ona to još bila?) nepomičnu ispred njegovog šatora kako ga uporno posmatra. Ne mogavši da se odbrani od velike nade, on smesta ode da potraži naramak drva i u znak ljubavi zbaci ga sa svojih ramena pred noge mlade devojke. Bojažljiv i upitan šum dve poslednje cepanice, koje su se pri padu malo odvojile od ostalih, izazva stid u Indijancu. Kad ponovo diže glavu i kapke koji su ostali netaknuti, Jara je već bila iščezla, i čuo je devojku kako ispušta užasne krike kao da je siluje četa neprijatelja.

Sutradan, šest članova Saveta staraca približiše se Izgorelom Licu i sva šestorica mu istovremeno okrenuše leđa da bi mu svojim stavom i ćutanjem dali na znanje da više ne može računati na to da im bude poglavica.

Nedeljama se skrivao u šumi. Zanimali su ga perje, ptičja jaja, mahovine i paprati, sve te osetljive tvari koje se nisu užasavale njegovog prisustva i nisu menjale lice pred njim. Jaja koja su podražavala boju zore, perje – boju okruglastog oblaka koji kao konj prolazi nebom, paprat – boju mračne i sveže noći, gde bi on za trenutak želeo da odmori svoje lice od njegovih nedaća.

Kad ptica umre, perje i dalje živi svojim sjajem, ne dopuštajući da ga načne truljenje. I Rani ga je voleo zbog toga što je branilo ponos i nadu. U njegovim rožnatim cevčicama, u njegovom paperju tražio je reči. Siguran da ga ne vide, stavljao je ispred sebe sve to lako perje, listove retkog drveća i blistavo kamenje, kao da ređa karte. Ponekad je govorio sebi: „O! To je ono pravo, kako sam baš to tražio!"

Ili, umoran od te bede koja je još verovala u boju i u oblik stvari, u velikoj šumi bez vrata i prozora, posmatrao bi nebo kao neki prastar i veoma trošan dokument koji je gotovo nemoguće odgonetnuti. „Ali sve vreme mi je na raspolaganju; ko me goni?" mislio je Rani.

Da li se gore, iza tih gustih tmina što se neprekidno komešaju, čulo slabašno mjaukanje, ili lupanje srca nekog čoveka izgubljenog među drvećem? Kako znati svoj put na nebu gde nema više nadesno ni nalevo, napred ni nazad, niti ičeg drugog osim dubine? Bez drugog vođe, bez ikakvog drugog oslonca osim vrtoglavice?

Šta je nameravao da otkrije u kamenčićima tamo gore i na zemlji? Zbog čega je dobijao želju da otvori sebi stomak i da traži odgovor čak i u tajni svog tela?

„Da li ću jednog dana biti manje odvratan?"

Da, samo je tu sitnicu težio da otkrije i čudio se što to nije ranije shvatio. Kao da njegove šake nisu o tome bile dovoljno obaveštene kad bi više puta prelazio njima preko svog razderanog lica.

I Rani poče da voli zmije koje, vijugajući, računaju još samo na sebe i u svojim ustima uvek drže spremnu smrt.

Rani je poželeo da ponovo vidi svoje pleme. Skriven u čestaru umeo je da ostane nevidljiv, čak i tuđoj duši, da obuzdava u sebi sve ono što želi da se oslobodi naših očiju i naše kože kako bi pokazalo da smo tu. Iz svoje crne rupe od trava i zemlje gledao je ognjište upaljeno da bi se rasterale divlje zveri, i mislio: „To je Guli-Ja danas ložila vatru. Poznajem njen način paljenja. Ali šta se to mene tiče?"

Videći svoje drugove kako tumaraju tamo-amo pre nego što odu na spavanje, mislio je:

„Šta mi zamerate, mršavi i debeli ljudi, dojke, stomaci i stopala u onome što je bilo moje pleme? Zašto dobijate te različite oblike, kad ste još samo mučne uspomene?"

I krao je od svojih nekadašnjih drugova da bi delio poklone drveću i kamenju, svemu onome što nije bilo isprljano upotrebom govora. Jedne noći, s licem okruženim lijanama i lišćem, on prodre u Jarin šator da joj otme ogledalo. Druge noći, pijan od *čiče*[1], poželeo je da opije jedno drvo koje je od sveg drveća najviše voleo, i na kraju mu žrtvova dva prsta svoje šake koje je odgrizao vlastitim zubima.

Kad je krv prestala da teče i kad se u Ranijevoj glavi donekle razbistrilo, on reče:

„Dakle, nisam dosad bio dovoljno ružan."

Posmatrao je svoju osakaćenu šaku i upoređivao je s drugom, koja mu je sad izgledala veoma lepa. Zaboravivši da je sebi zabranio da se ogleda, dugo se posmatrao u Jarinom ogledalu, uz pomoć nekoliko poslednjih plamenova sa ognjišta. I vide da mu je lice upravo takvo kakvo je nekad ostavio u preplašenim očima ljudi svog plemena.

Rani se hranio još samo korenjem. Osvajala ga je neobična, troma i surova sila. Najpre neodlučna, potom moćna, ona mu je zaposela glavu i telo, da bi mu se dočepala i prstiju na nogama koji su i sami, osećao je to, postajali zli.

To beše gore od sklonosti ka krvoproliću.

---

[1] Prevrelo piće koje se u Peruu spravlja od kukuruznih zrna. — *Prim. prev.*

Podigavši svoju desnicu, na kojoj su nedostajala dva prsta, Izgorelo Lice stade usred plemena i viknu glasom koji je ostao jasan, iako se probijao između njegovih razderanih usana:

– Vratio sam se, odlazite!

Oko njega Indijanci stadoše kao ukopani, a onaj koji je krenuo da obori jedno drvo ukoči se sa sekirom u vazduhu. Dva ili tri čoveka pomisliše da svojim strelama probiju Ranijevo srce, ali čak i pre nego što su nanišanili, bezvoljno digoše ruke od toga.

Žene i devojke plemena, protiv svoje volje privučene, vukle su se prema Izgorelom Licu, hvatale mu se za noge i greble ih od čežnje i očajanja. Jedna, koja je tucala kukuruz u kuhinji, prilazila je sa svojom stupom u ruci, druga je napustila svog pratioca da bi se, toliko cvokoćući da se to čulo izdaleka, primakla tom licu koje je dosezalo najviše grane užasnog. One su se svaka tri ili četiri koraka čvrsto hvatale za stabla drveća ili za korenje, ne bi li sprečile sebe da mu se približe, ali ništa nije pomagalo. Jara je bila izgubljena kao i ostale.

Indijanac ponovi:

– Odlazite!

I svako pronađe tad u sebi snage da pobegne.

Rani je ostao među šatorima, namirnicama, strelama, među tolikim predmetima koji su malo-pomalo osećali da menjaju vlasnika. I zato što se sve tako dobro sredilo, do Indijanca, najusamljenijeg bića na svetu, dopuza i smota se pored njega Zmija-danâ-koji-nam-još-ostaju-da-proživimo.

MLADA DEVOJKA SA GLASOM
KAO ZVUK VIOLINE

Beše to mlada devojka kao bilo koja druga, s možda malo većim očima nego što je obično, ali tako malčice krupnijim da bi se čovek zapitao nije li često viđao takve.

Ona je još od detinjstva shvatala da nešto mute oko nje, da joj nešto skrivaju. Nije znala zašto šapuću i nije se zbog toga mnogo uzbuđivala, misleći da je uvek tako kad je u kući devojčica.

Jednog dana, kad je pala s drveta, krik koji je ispustila pokaza joj se u svoj njegovoj neobičnosti – nije ličio na ljudski glas i bio je izuzetno melodičan. Ona je kasnije s pažnjom slušala svoj glas i mislila da zapaža kako se u njemu ispod svakidašnjih reči provlače zvuci violine i čak es ili fis ton, ili neki drugi koji ne priliče ljudskom glasu... A kad bi govorila, gledala vas je naivno kao da bi želela da izbriše taj neobičan utisak.

Neki dečak joj jednog dana reče:

– Ta zasviraj na svojoj violini!

– Ja nemam violinu.

– Tamo, tamo je – reče on želeći da zavuče svoju šaku u usta deteta.

Nije to bilo jednostavno posećivati ljude s glasom kao zvuk violine, biti pozivan na čaj ili na ručak u prirodi i neprekidno nositi u sebi, u grlu, taj neobičan glas, spreman da iziđe iz usta čak i kad biste rekli: „Hvala" ili „Nema na čemu".

A ništa je nije tako ljutilo kao kad bi uskliknuli:

– Ali kakav veličanstven glas ona ima!

„Šta se to potajno snuje u meni?" mislila je ona. „Ti neočekivani akordi otkrivaju mi suviše mnogo toga. Kao kad bih počela da se svlačim usred razgovora: 'Zatim, evo moje bluze, a uzmite i moje čarape... Sad ste srećni, nemam više ništa na sebi!'."

Zato što joj se najviše od svega sviđalo da ne pada u oči nečim nesvakidašnjim, obično bi ćutala, i s kakvom se samo skromnošću i neupadljivošću odevala, uvek vezujući široku, potpuno sivu traku oko svog muzikalnog grla.

„Konačno, i ne treba da govorimo", mislila je ona.

Čak i kad nije ništa govorila, nisu mogli zaboraviti da je taj glas tu, spreman da iziđe. Jedan njen drug tananog uha tvrdio je čak da ona nikad potpuno ne ćuti, da njeno ćutanje loše skriva mukle akorde i čak dosta jasne melodije: bilo je dovoljno samo malo obratiti pažnju. Iako je njen glas oduševio neke njene drugarice, druge se zbog toga zabrinuše za sebe. Konačno je sve napustiše.

„Ipak, ako moje ćutanje nije više za mene!"

Pozvali su hirurga, porodičnog prijatelja da pregleda to grlo, te glasne žice. Bez sumnje bi trebalo operisati, ali šta?

On se nagnu nad tim otvorenim ustima, kao nad ukletim kladencem i uzdrža se od bilo kakvog posredovanja.

„Da znaju odakle dolazim!", reče ona u sebi jednog dana, sedajući u trpezariji pored svojih roditelja koji su joj prigovarali što kasni. „Oni i ne sumnjaju šta sam upravo učinila, taj otac s dugim licem, ni ta majka, koja je naizgled manje razdražljiva, ali koja odjednom plane u tri narogušene i otrovne rečenice. Dobri ljudi, hoćete li me ostaviti na miru s tim pričama o čorbi koja će se uskoro sasvim ohladiti? Danas je odista u pitanju nekoliko minuta zakašnjenja!

U toku gotovo celog obeda, ona je ćutala, ali je odista morala da odgovori na jedno pitanje svog oca.

I roditelji se začuđeno pogledaše: glas njihove kćeri postao je glas kao i svi drugi.

– De ponovi! – reče otac što je blaže mogao. – Nisam dobro čuo. – Ali mlada devojka pocrvene i ne prozbori više ni slovca.

Posle obeda, roditelji odoše u svoju sobu i otac uze reč:

– Ali, ako ona odista nema taj neobičan glas, trebalo bi smesta o tome obavestiti porodicu. I možda čak pozvati prijatelje i prirediti malo slavlje, a da se, naravno, ne kaže razlog tog veselja.

– Pričekaj još nekoliko dana!

– Bez sumnje, treba sačekati bar još osam dana. Budimo oprezni!

Otac odluči da mu kći svakog jutra čita novine. Uživao je u naglim promenama tog novog glasa kao u poslastici koja bi mu stigla iz nekog drugog sveta. Zar nije voleo i tu malu vrtoglavicu koju bi osetio na pomisao kako bi njegova kći mogla ponovo početi da govori kao nekad?

Jednog dana, dok je ona tako čitala neki dugačak spoljnopolitički članak, mlada devojka – ali to je sad bila žena – opazi i sama da joj glas liči na glas njenih drugova. I nije se mogla obuzdati da ne bude kivna na svog prijatelja koji je uništio u njoj te jedinstvene akorde.

„Da me je odista voleo...“, mislila je ona.

– Ta šta ti je? Ti plačeš? – zapita otac. – Ako je to zbog tvog glasa, imala bi pre razloga da se raduješ, dete moje...

POSLEDICE JEDNE TRKE

Ser Rufuse Flokse, ljubitelju konjskih trka, zašto ste svom konju dali svoje ime? Mali čoveče s obrazima crvenim kao krvav biftek, ko vam je ulio želju da se celi prepoznate u toj dugoj sivoj životinji koja kao da je jedva doticala zemlju?

Ali upravo zato što je tako malo ličila na vas, mislili ste da je možete bolje prisvojiti, sebi pripojiti, prilepljujući joj svoje ime kao vatrenu banderilju.

A vi niste ličili na one vlasnike koji se svojim konjima približavaju tek prilikom merenja. Niste oklevali da u toku noći uoči trke spavate u konjušnici uz svog jahaćeg konja, da mu, pre nego što zaspi, u kadifastu rupu njegovih veoma osetljivih ušiju šapućete tačno određene savete za sutradan!

Kakva je to radost biti kao jedno s tom hitrom životinjom na trkačkoj stazi, pred očima ogromne gomile gledalaca, džokej u džokejskoj odeći sive boje s blagim prelivima kao što je boja dlake vašeg sivca, konja kojeg jašete!

Trku za Veliku nagradu amatera u Oteju Ser Rufus je pretrčao od početka do kraja na samom čelu, i pobedio za šest dužina, a zatim je životinja, suviše zaneta, nastavila da svom brzinom kasa niz Bulevar Egzelman, pored otejskog vijadukta čiji su kraci izgledali jedva nešto veći od konjskih. I moglo se videti kako se dva Ser Rufusa bacaju u Senu, gde je jahač osetio kako mu konj ispod njega tone, sve dok mu ne iščezoše čak i uši! I džokej iziđe sam na suprotnu obalu. Od

58

njegovog sivca je ostalo – barem je on to mislio – samo pregršt dlaka iz grive u šaci, a na mamuzama – malo krvi.

Sutradan, odlazeći na ručak u grad, džokej amater je u ogledalu svog taksija sav zapanjen primetio da su mu oči iste kao u njegovog konja. I začu neki glas u sebi:

– Pa dobro, zar te nije stid da mirno ideš na ručak u grad, dok sam ja, zahvaljujući tebi, još samo crknuti konj na dnu Sene? Kukavički si me utopio jer me nisi mogao obuzdati.

– Ali konačno, ti si me sam odvukao u Senu.

– Ta nemoj mi reći!

– Zašto mi govoriš tim tonom? – zapita stidljivo Ser Rufus-čovek.

– Tako mi mojih krupnih crnih očiju, kladim se da ćeš me se još setiti.

Pre nego što je izišao iz taksija, džokej amater proveri da li su njegove ljudske oči ponovo zauzele svoje uobičajeno mesto između njegovih trepavica i, kako nije bio kukavica, čilo plati šoferu i zazvoni na vratima svojih prijatelja. Treba reći da je računao da će ga taj ručak razonoditi.

Ali, pozvali su ga samo zato da bi mu pričali o trci. Kad su seli da jedu, tri gospođe i dva gospodina se toliko nagnuše prema njemu da sto umalo nije popustio.

– Da vidimo, dragi gospodine, recite nam šta se to tačno dogodilo! Novine daju najrazličitija tumačenja.

– Ako hoćete da ostanemo dobri prijatelji, ne govorimo više o tome – reče džokej amater. – Uostalom, imam čast da vas obavestim da nikad više neću jahati na trkama, a ni inače. Neka konji, dakle, ostanu na jednoj strani, a ljudi – na drugoj!

I on se nasmeja, potpuno umiren svojim likom koji je ugledao u ogledalu na stočiću za posluživanje, gde su njegove ljudske očice blistale od pakosti.

Te reči, a naročito način na koji ih je Ser Rufus izgovorio, učiniše se čudnim svim gostima; ipak pomisliše da nema mesta da navaljuju iz razloga koje ne bi mogli odrediti, ali koje su složno smatrali ozbiljnim. Tako se govori o nečem drugom pored bolesnika koji boluje od jake groznice čiji je uzrok nepoznat.

Kraj ručka beše veoma veseo. Potpuno su zaboravili na konja kad, u času dok se ser Rufus zahvaljivao domaćici na njenom izvanrednom prijemu, spontano i s prefinjenošću koja je uvek ostavljala utisak, ona doživite nervni napad ugledavši, zabijen u Ser Rufusova leđa, sivocrni rep njegovog jahaćeg konja. Taj rep je, udarajući u sako svojom oštrom konjskom dlakom, pravio nesnosnu buku i radosno se vrteo u očiglednoj želji da učestvuje u razgovoru.

Ser Rufus Floks pobeže ne oprostivši se od gostiju. Kad se našao na ulici, bio je ponovo čovek od glave do pete. I to potraja više dana. Zatim se jedne mučne i užasno zbrkane nedelje osećao tako kao da mu čak ni jetra, ni slezina nisu ljudske. Ipak, u velikom ogledalu iz tri dela koje je bio nešto ranije kupio, ne otkri ništa posebno.

On iziđe da poseti svoju verenicu, ni bogatu ni siromašnu Amerikanku, koju je do tada mnogo voleo. Ali tog dana, svaki put kad bi sreo neku ždrebicu, nije se mogao obuzdati a da je ne prati očima, tako da je, odustavši od svoje posete, više voleo da ode u jednu veliku štalu. Tamo je bilo dvanaest do petnaest kobila. Da je i njegova verenica mogla biti tu na tom lepom, tako čistom mestu, sedeći pored njega na gomili slame, kako bi joj s radošću držao ruke usred tog toplog i pomalo oštrog mirisa konjušnice!

Sledeći dan započe rđavo: umesto da zvoni za svoj doručak, poče da doziva sobaricu njiskom, a kad je ona stigla s poslužavnikom, on zatraži od nje „komad šećera" hiljadu puta joj se ljubazno zahvaljujući, kao

60

što bi to učinio neki dobar konj – i uprkos tome što mu je cela posuda za šećer bila na raspolaganju.

Na ulici je svesno izbegavao pločnike, pronalazio sumnjivo uživanje u provlačenju između automobila.

„Što svet, odnedavno, sve više postaje konjski!" pomisli on. Nadao se da će tako ubediti sebe kako svi prolaznici liče na njega.

Ogromna želja za ispovedanjem, i to na sav glas, obuze Ser Rufusa. Svakako je morao da ispriča svojoj verenici sve to što je osećao.

– Želite da postanete konj? – zapita ga Amerikanka. – Zar nije tako? Pa zašto se uzdržavate? Ne treba se opirati svojoj prirodi. Vi ste bolesni zbog tog otpora. Ta postanite već jednom konj, zbog toga se nećemo ređe nego ranije šetati po Bulonjskoj šumi. Ali ja ću biti u odeći za jahanje kako bi sve bilo kako valja. Dođite da vam poljubim nozdrve – reče ona smejući se i skočivši mu oko vrata. – I do viđenja do sutra u aleji Ranelag!

Kao da ga sad ništa više nije u tome sprečavalo, te iste noći ser Rufus postade konj. Nešto pre zore, on siđe stepenicama ne praveći suviše buku i, stigavši dole, pritisnu veoma ljupko glavom dugme na vratima. Ali konj bez sedla i ulara na ulici je podjednako sumnjiv kao što bi to bio potpuno nag čovek. I kuda da ode? Za njegov sastanak bilo je suviše rano. Cele noći je kao neki zločinac izbegavao policajce, čak i prolaznike, koji su uvek tako glupi da ne mogu ugledati konja na slobodi a da ne pozovu policiju.

Uspeo je da se dokopa Bulonjske šume gde se spremao da pase travu. Odavno je već želeo da joj upozna ukus. Bila je dobra prilika.

„U suštini, sad sam mnogo mirniji", mislio je on. „Čega se plašim?"

Jedan mrav mu se približi i poče da mu se vere uz nogu.

„Ne ustručava se više kao onda kad sam bio čovek."

Jedna košuta dođe da ga osmotri izbliza.

„Samo da zna! Ali više volim da joj ništa ne kažem. A kako da me razume jedna košuta kad nisam čak ni sâm siguran da sam konj?"

Košuta ga je milo gledala, a zatim ga onjuši. Da li je mislila da je jelen? Ali ne, pre je izgledalo da nema poverenja. Životinje njuše jedna drugu kako bi bile sigurne da nemaju posla s čovekom?

Košuta se udalji sve koračajući unatraške.

Najzad se Amerikanka pojavi u aleji Ranelag. Ipak je bila jako iznenađena kad je ugledala svog verenika pretvorenog od glave do pete u konja.

Šumski čuvar prođe nedaleko odatle i konj reče u sebi:

„Napred, moraćemo da se ritamo!"

Ali ga čuvar ni ne primeti.

Prilazio je neki jadnik bez košulje, s dronjcima od sakoa na golom telu: držao je pod miškom uže i tražio, to je bilo očigledno, drvo za vešanje.

Konj zanjišta u pravcu užeta da bi privukao pažnju mlade žene.

– Kuda ćete, dobri čoveče, s tim užetom? – upita ga ona.

– Da li se to vas tiče? – odgovori skitnica odjednom se razbesnevši.

– Svakako da me se ne tiče, ali sam mislila da možda... – reče ona svojim najnežnijim glasom.

– E, pa pogrešno ste mislili da možda... Pustite me da tražim svoje drvo!

– Ne treba da to činite, dragi gospodine! – reče mlada žena ne bi li neznancu ulila poverenje. – Kupujem vaše uže.

– Moraćete ga vrlo skupo platiti i bićete pokradeni, gospođo, ono još ne donosi sreću.

Čovek je izgledao bedniji nego ikada s tim osmehom koji je pokušavao da se provuče kroz njegovu neprobojnu bradu.

Nekoliko trenutaka kasnije, žena, konj, uže, čovek koji se nije obesio, krenuše ka jednoj konjušnici kraj Dofinske kapije. Čovek je držao konja za uzdu koja je počela da mu prijatno greje dlan.

Ser Rufus bez po muke postade tegleći konj. Redovno je vozio svoju verenicu u šetnju, i dani su za njih bezbrižno tekli.

– U Šumu, prijatelju moj! – rekla bi mu ona, kao što bi se obratila svom kočijašu. – Budi ljubazan i kreni Avenijom Bižo. Moraću da se zaustavim kod bojadžije. Neću se dugo zadržati. Onda ćemo napraviti krug oko Lonšana, pa ćeš se vratiti Alejom bagremova!

I ona bi se popela u kola ne brinući se više o putu.

Jednog dana Amerikanka nije više bila sama u lakim otkrivenim kočijama. Njen mladi pratilac je na veoma uvredljiv način nudio konju okrajke hleba izvučene iz džepa i prekrivene zrncima duvana.

Uljez je bio prisutan na svim šetnjama. Sav udubljen u razgovor mladih ljudi, konj bi zaboravio da diže prednje noge. Ipak, dobro je video da je taj mladić beznačajan prijatelj s kojim se šeta po Šumi, a potom, rastaje.

Jednog dana, na nekoj okuci, pošto se Ser Rufus nespretno bacio na pločnik, on začu mladića kako besno kaže:

– O ne, zar je ikad viđen ovakav rogonja! U pravu si, prvom prilikom ćemo dati da ga uštroje. On suviše mnogo zna o nama dvoma, jer njegove podozrive uši ne propuštaju nijednu reč naših razgovora.

Na te reči konj obori grm, hitnu par na jedan platan, i oni ostadoše da leže: momak s razbijenom lobanjom, a mlada devojka mrtva u travi na nekoliko metara od svog prijatelja, kojeg u smrti označuje ljupkim i još zaljubljenim kažiprstom.

Ser Rufus, koji je ponovo postao čovek odeven u sivo odelo novo novcato i slično konjskoj dlaci, nepomičan pod svojim amom i oglavljem, posmatrao je dramu stojeći između rukunica. Pokuša da skine đem i uzdu, ali mu, upetljanom u dizgine i kaiše, to odista nije bilo lako, utoliko više što su mu pokreti još pomalo bili konjski i što...

TRAG I BARA

Na stazi, usred pustih predela pampi, neki čovek je pešačio sam noseći dve torbe o ramenu, a u ruci – koferčić. Uprkos golemosti predela u kojem su mu se crte pomalo rasplinjavale, ipak se moglo zapaziti da je odnekud sa Istoka i da je tek nedavno napustio svoju zemlju: ponekad se osvrtao kao da ga neko prati. Njegova hirovita lulica okruživala ga je prisnim dimom koji se neprekidno pokretao i menjao oblik.

Pričali su mu o jednom poljskom dobru koje se nalazi na više milja odatle, i on od jutra, i ne gledajući, korača ka obzorju. Ispod svojih stopala prepoznaje na putu mnogobrojne tragove ovaca, volova, konja. To je pustinja tragova, nepokretan svet a plod kretanja, sav ukočen kao posle smrti.

Tako on putuje već nekoliko dana od ranča do ranča. Noću spava tamo gde ima mesta da se ispruži telo stranca koji je celog bogovetnog dana koračao. A kad ne spava, ptice kojima je povereno da bdiju nad snom Zemlje – sove i buljine, i još neke druge koje nikad nećemo upoznati jer se gnezde na nebesima, objavljuju mu sate uz Mesečevu saglasnost.

Na poljskom dobru San Tibursio, kuda se zaputio taj čovek, u šupi upravo strigu ovce. Kapci životinja se sklapaju pod hladnim dahom makaza koje počinju da škljocaju brže duž vunenih stomaka, kao da će u prolazu odneti sobom nežne bradavice. Jedna životinja neprekidno njuši ostatak runa koje joj je slučajno stav-

65

ljeno ispod njuške. Sve oči ovaca izgledaju staklene i kao da sve izražavaju strepnju njihovih pritisnutih tela. Turčin, putujući trgovac, nastavlja svoj put. U tami njegovog pojasa, na njegovom poniklovanom časovniku ugrejanom od putovanja, tačno je pet sati, ali je u njegovoj duši mnogo više: žuri mu se kao da ga već u ovom trenu očekuju i kao da već za njega primiču stolicu ka sredini odaje.

Striža ovaca se nastavlja u šupi San Tibursija.

Huan Pečo, onaj čovek koji čuči s leve strane, mora da je gazda. Njegov nož za pojasom, ispod sakoa koji se zbog rada podigao, duži je od noža pastirâ, vodiča stada. Visok i krupan, on striže nezgrapno: svaki pokret tela mu je trom, a njegova silna lenjost se uočava čak i kad se pravi da radi. Smešta se u njega čim se probudi, a napušta ga samo noću, da bi se prošetala kad Pečo zaspi i kad mu odista nije više potrebna. Kraj bezbojnog opuška na Pečovoj donjoj usni kao da je tu zalepljen već pet ili šest godina.

On striže loše i rasejano. S vremena na vreme, psovke se gube u dlakama njegove retke brade.

Ovce koje s njim imaju posla ne zaboravljaju tešku senku celog tog tela povijenog nad njima, te brazgotine i taj volovski dah. On bi više voleo da ih zakolje. Brže je, a zar u pampi krv nije jedina razonoda za gauča koji je odan svojoj verenici?

Prvi lavež pasa dopre do Turčinovog uha. Dotle je satima bio čovek samo za vetar pampe, i to još neobičan čovek pošto je išao pešice u zemlji gde svako putuje na konju. Opazili su ga i Huan Pečo i deca. Određuju mu domovinu, osećanja, karakter.

To je prodavac loše robe, a oni unapred vole kutije u kojima se nalaze te drgangulije. U celom svetu, muškarci, žene i deca vole kutije. To je nasušna potreba svih na planeti, jedno od me-sta gde se sudbina obrazuje, skriva i priprema svoja lukavstva.

Huanu Peču prilika izgleda odveć povoljna, te ustaje i seda na svog konja koji je uvek osedlan stajao pored njega, ne iz straha da neće stići na vreme tamo gde je naumio, već što nikad nije načinio pešice petnaest koraka zaredom.

Savijajući cigaretu on se uputi ka neznancu.

– *Buenos tardes*[1], hoćete li da vidite robu trgovca koji je u prolazu i vama na raspolaganju? – pokuša da kaže Turčin na španskom. – Ja u Republici Argentini predstavljam više velikih stranih kuća.

– Vi predstavljate? – upitno reče farmer sa zlim osmehom na licu posmatrajući trgovčeve torbe.

Turčin obori oči zbog svoje laži. Zbog gladi i svežeg vazduha postao je i dovitljiv.

– Pođite za mnom – reče Pečo, krenuvši brzo u suprotnom pravcu.

Pitao se da li da odvede stranca prema šupi ili prema kuhinji. Odluči se kad je na vratima ranča ugledao svoju ozbiljnu i velikodušnu sestru Florisbelu.

– Evo jednog Turčina koji će ovde prespavati. Videćemo posle večere šta donosi, ali do tada neka ništa ne pokazuje!

Zatim tiho dodade:

– Pažnja, ima duge prste!

Trgovac zatraži vode od Florisbele i iščeze iza čičaka.

Vrati se opran, iščetkan, namirisan i sede na stoličicu prema zalazećem suncu, nedaleko od Florisbele koja je pila mate čaj.

Oboje su sedeli bez reči, obuzeti strahom od večeri koje se spuštalo. Zvezde, još prigušene dnevnom svetlošću, zaslepljivale su oči. Ovce, koje je striža odvojila od jaganjaca, tražile su ih u sumračnim torovima, i

---

[1] Dobro veče (španski). — *Prim. prev.*

67

od zemlje do neba razlegalo se jedino blejanje kroz koje su se probijale svetlosti zvezda i svitaca.

Turčin je počeo da oseća na sebi posledice zamora. Jedna misao, izgubljena strela – ko ju je hitnuo? – prolete mu kroz svest. I on proveri da li mu se revolver nalazi u džepu. Upravo se začuo glas Huana Peča. Vraćao se na ranč u pratnji troje Florisbeline dece od kojih je najstariji dvanaestogodišnji Horacio imao lice odraslog muškarca i teško hramao. Psi su opkoljavali malu skupinu.

– Ne! Ne! – izgovarao je farmer tihim glasom koji je nosio vetar. – Tek posle večere! Turčin će staviti svoje stvari na sto i mi ćemo ih natenane razgledati.

Florisbela mu dade za pravo. I trgovac je želeo da se smesta složi s njim, ali pošto nije dobro razumeo španski, on smisao te rečenice shvati tek posle nekoliko sekundi, prethodno tajno sravnivši reči u dnu svog uha.

Svi uđoše u prostranu odaju koja je služila kao kuhinja i trpezarija.

– Ovde – reče Huan Pečo strancu označavajući mu jedno mesto u uglu.

Jedan za drugim, osam velikih pasa *estansije*[1] dođoše da onjuše uljeza i pokušaše da podignu svoje stražnje noge iznad njegovog prtljaga. Ali ih on učtivim pokretima u tome spreči.

Na ranču se govorilo tiho; Florisbela i njen stari otac, gaučo s belom bradom, izuzetno otmenog izgleda, želeli su da Turčin sedne za porodični sto, a sva deca su šapatom odobravala: „Da! da! da! da!"

– On će jesti u onom uglu, na svojim kolenima – odrešito šapnu Huan Pečo.

Pritom je mislio: „To je već vrlo lepo što sam mu dopustio da uđe u moju kuću, tog *gringa*, tog putujućeg trgovca koji se drži za zemlju tek samo jednom žilom,

---

[1] Estancia — velika farma (španski). *Prim. prev.*

tu utvaru koja, da bi se pravila važna, čim je stigla traži vode da se opere. A čak je noge oprao napolju, kao da se tako nešto ne čini tek pošto čovek ostane sam."

Huan Pečo je iz šupe pratio Turčinove kretnje i video njegov ubrus na crvene pruge kad se brisao pri poslednjim zracima sunca.

Kad je meso bilo ispečeno, farmer i njegovi posedaše za sto, a Turčin u jedan kut odaje na svoje čiste, koščate i tužne noge. (Kad je lice iz profesionalnih razloga prinuđeno da se smeši, naša ljudska tuga odista treba da se negde skloni.)

Udišući miris pečenog mesa, stranac priznade u sebi da mu se taj skitnički život sviđa, i istovremeno kad i svoje ime – Ali ben Salem, ponovo otkri ljubav prema svojim roditeljima i svojoj otadžbini, druge, manje jasne vrline i ono bitno u svojoj biografiji.

Umor njegovih nogu i krsta, koji se sve više ublažavao, pravio mu je društvo.

Za stolom kojim je predsedavao Huan Pečo želeli su da tom beskućniku pokažu kako su sigurni u svoj krov i u sutrašnjicu. Služili su se viljuškama očigledno zato što je on imao samo svoj nož i meso odsecao pored samih usana. Florisbelina deca nisu sa svog mesta prestajala da posmatraju Turčinove vilice.

Posle večere i pet minuta ćutanja nakon nje, Huan Pečo, koji nije želeo da izgleda tako kao da mu se žuri, konačno reče:

– E sad da vidimo!

Deca požuriše da potraže čobane i uskoro su zajedno s njima oko trgovčevog blaga stajali: stari Florisbelin otac, ona i Pečo, svi na nogama, nepomični, nemilosrdni kao pustinja.

Na stolu, u kartonskim kutijicama, pozlaćen metal za lakoverne – broševi, narukvice, minđuše, amajlije – smešio se uporedo s usnama Ali ben Salema i u dosluhu s njima. Najzad se kroz napregnutu pažnju skamenjenih posmatrača probiše neki ljudski pokreti.

Ta pozlata se lagano smeštala u njih, oblagala im duše. Nadesno i nalevo behu raspoređeni svakovrsni predmeti za toaletu, galanterijska i parfimerijska roba svežih boja, što je na stolu stvaralo neku vrstu gradskog i živahnog proleća.

– Može se dirati! – reče Turčin.

Tad se mrke ruke seljaka stadoše primicati drangulijama kao rečni šarani komadu hleba.

Huan Pečo nije još ništa govorio, mada su se letimični pogledi često okretali ka njemu.

Dok mu je nemarnija nego ikad brada okruživala lice, on otvori kutiju u kojoj se nalazio mehanički brijač i u opštoj tišini zatraži da mu se objasni kako se njime rukuje. Pomisli kako mu je važno da sledeće nedelje stigne dobro izbrijan kod svoje verenice Estere Lanos.

– Koliko košta ovaj brijač?

– Tri mala pjastra. Isto kao svila.

– Tri pjastra! Dajem za njega jedan – reče Pečo hrapavim glasom.

Sav med i mleko, Turčin je ponavljao: „Ne mogu, ne mogu“, kroz stotinu osmeha koji su jedni druge potirali, i ko zna da li su mu ispod košulje i same kosmate grudi na svoj način izražavale ljubaznost.

S pogledom prikovanim za brijač, farmer je mislio: „Tri pjastra, pare od jedne ovce zajedno sa svom njenom vunom za taj komad blistavog metala!“ Međutim, Florisbela, starac i pastiri kupovali su predmete i videlo se pri svetlosti lampe, koja nije ni zatreperila, kako novčići menjaju džep.

Nemi bes Huana Peča poče da truje vazduh.

Pastiri napustiše odaju. Čekali su sedeći na svojim bednim posteljama.

Turčin spakova svoje stvari, osim brijača koji mu je, kako je osećao, izmicao, jer ga je farmer tako žarko želeo.

Starac koji nije rekao ni reči, žena, deca, svi su bili nepomični kao mrtvaci.

– Šta me tako gledate! – prasnu gazda.

Začu se bučno pomeranje stolica. Svi odvratiše lica, i njihova leđa, jedna za drugim, iščezoše kroz otvorena vrata u mrkloj noći.

U odaji ostadoše još samo Huan Pečo, brijač i Turčin.

Kreolac se pitao da li da otera trgovca, ali za to su mu bili potrebni razlozi, ili, bar, odgovarajuće reči... Prosudi kako je zgodnije da načini korak unazad i da zabije nož u potiljak koji se nalazio ispred njega.

Turčin se sruši s glavom napred, ispruženih ruku kao da pazi da se ne ozledi stropoštavajući se odjednom u smrt.

Jedan pas, duh noći, uđe s određenim zadatkom: onjuši telo, ustanovi smrt i iziđe, gazeći svoju senku.

Pečo zgrabi brijač i, otvorivši koferčić, izabra u njemu jedan sapun, a zatim zatvori vrata, ugasi lampu da bi izbrisao tragove krvi.

U susednoj prostoriji se pažljivo obrijao, čudeći se tom novom licu koje ga je posmatralo iz ogledala kao lice skoro zaboravljenog rođaka, upravo prispelog iz neke prekomorske zemlje. S vremena na vreme se okretao ka vratima iza kojih je mrtvo telo već preduzimalo sve potrebne korake za nepokretno putovanje. Kad se obrijao, prišao je lešu. Ispod raskopčanog kratkog kaputa video se širok pojas od nove kože. Huan Pečo se odjednom namršti: dužnost mu nalaže da ispita šta je u njemu. Kad ga je otkopčao, nejasno se začu zveket zlata kao zvonjava budilnika rđavo prigušena ispod prekrivača. Pečo izbroja na stolu dvadeset livri sterlinga. Nimalo mu se nije svidelo prisustvo tih para: nije ubio zbog toga, on nije lopov. Ne računaju se različiti predmeti koji se nalaze u Turčinovom prtljagu: zabava za oči i ruke, za spoljašnju upotrebu.

On neće taj novac, te posrednike između pokojnika i nepoznatih, koji možda počinju da se pitaju u noći, da se pomeraju u svom krevetu, da pale lampu, pogledaju na sat, da postaju svesni kako se negde u svetu događa nešto ozbiljno i da treba otići po vesti.

Pade mu na pamet jedna pomisao: s tim zlatom će izvršiti dobro delo.

On jednu po jednu livru provuče kroz otvor na štednoj kasici svog hromog sestrića. Pročišćeno zlato sad teče anđelima.

Novac koji su Florisbela i pastiri dali za kupljene predmete ostavi u Turčinovom džepu. Rasterećene savesti, Huan Pečo je kovčežiće i torbe posmatrao sa sumornom naklonošću. Zatim ih potpuno isprazni na sto i načini više gomila.

„Za moju premilu sestru Florisbelu", napisa na komadiću hartije svojom nespretnom rukom.

„Za nestašnu Marikitu."

„Za mog malog sestrića Huana Albertita."

„Za mog uvaženog oca."

„Za Huana Peča."

Pošto je velikim kožnim kaišem vezao Turčina za vrat, Pečo na konju krenu kroz nedužnu noć koja se razmicala pri njegovom prolasku. Odlazio je da baci telo u obližnju baru. Dve divlje patke poleteše ka Južnom Krstu.

Nije zaboravio da priveže kamen oko Turčinovog vrata. Huan Pečo se vratio na ranč. Iz sna u koji je smesta potonuo, tek u zoru su ga probudile ptice što su kljucale njegov poslednji košmar.

Leden kao da je spavao na dnu vode, posmatrao je kako se sunce diže iznad bare, i požele da se uveri u to da li je Turčin potonuo.

„Onda, bolje je što sam njegove stvari podelio između nas nego da sam ih bacio u vodu gde niko ne bi imao od njih koristi.

„I to sam vrlo dobro učinio."

Florisbela je čula kako pada telo. Ona na uprljano tle ranča baci malo zemlje koja je provela noć ispod neba. Zatim, okrenuvši leđa, poče da se moli.

Huan Pečo se sve više čudio što ne vidi pastire da kreću ka šupi. Čak i ne primivši platu za striženje ovaca, oni su sva trojica otišli pre zore.

Četiri dana kasnije, Florisbela priđe svom bratu i šapnu mu na uho:

– On pluta.

Čovek podskoči kao da je po drugi put morao da ubije Turčina.

Ogromnog stomaka, zabačene glave, naduven i modar, Turčin je plutao.

Drugi, veći kamen oko vrata, a pre svega jak udarac nožem u stomak zbog gasova, i Istočnjak je ponovo krenuo u nevidljive pustolovine.

Vrativši se na ranč, Pečo prvi put posle zločina primeti da se po zemlji vuku: četkice za zube, češljevi, ukosnice, sapuni, tkanina, naprsci za šivenje, bižuterija i kutije s pastom za obuću.

– Idite i skupite mi sve to! – podviknu on svojim sestrićima. – Razbojnici mali!

– Idi vidi da li pluta! – reče Horacio Marikiti.

– Na tebe je red.

– Ja sam malopre išao. Idi sad ti tamo!

Morali su da ustanove kojim će redom posećivati baru. Prođoše osam dana a da Ali ben Salem nije izvršio novi prepad na površinu zemlje/zemljište/?/.

Devetog dana, dva policajca na konjima pojaviše se na kapiji ranča. Bili su staloženi i mršavi, a njihovi oboreni brci ličili su na lažne; zbog istovetnosti zadatka koji su obavljali užasno su ličili jedan na drugog.

– Hajdemo, prijatelju moj! – reče narednik koji je držao lisice.

Kad su u izvršiteljevoj kočiji prolazili pored bare, Huan Pečo vide da Turčin ne pluta. Otkuda onda policija?... Dostava svakako nije poticala od pastira, suviše ponositih da bi optužili čoveka kod kojeg su radili, ni od Florisbele, niti od ostalih stanovnika ranča.

A kad policijski komesar zapita kreolca da li je iko video izvršenje zločina, on se odjednom seti:

– Da, senjor, jedan pas.

ŽIL SIPERVJEL – VELIKI GRADITELJ MOSTOVA U PROSTORU I VREMENU

Ejdetske slike koje je Žil Sipervejl, „princ pesnika" za života, prema odluci svoje pesničke sabraće, zapisao na lelujavim temeljima okeana, pampi, južnoameričkih prašuma, oblaka – staništa senki nekad živih bića, opsesivnije su od slika koje svako od nas nosi iz detinjstva i koje na kraju ipak ne odolevaju vremenu i iskustvu. Jedna od osnovnih tema Sipervjelove poezije, uostalom kao i njegove proze i drama, jer on često iste teme razvija u različitim književnim rodovima, jeste odgovornost čoveka za postojanje stvari i bića. Ništa ne živi ako se ne misli na njega, ako se na njega ne obraća pažnja, ako nije sačuvano u uspomeni. „Ako niko ne misli na mene, prestajem da postojim." Nepažnja može dovesti do tragičnih posledica, te bi tako nestalnost sveta zavisila od krhkosti ljudske pažnje i ljudskog pamćenja. Ali, bilo bi tragično i odveć snažno čeznuti za nečim, jer jedino čežnja može dovesti do bića. Sipervjelova opsesivna tema nije samo pesnička. Ona je i metafizička. Oko nje, te svojevrsne odgovornosti pamćenja, kao oko mirtine grančice potopljene u prezasićen rastvor iskustva i zaborava, obrazuju se kristali njegovih gotovo providnih, jednostavnih stihova tmolog ritma, i priča, od kojih su neke, kao prva po kojoj zbirka nosi ime, u početku bile pesme. Međutim, pesma „Selo na talasima" iz Sipervjelove najzapaženije zbirke *Gravitacije*[1], u kojoj je ovaj pesnik pomiritelj, kasno otkrivši Remboa, Lotreamona i nadrealiste, prevazišao titanizam i tumačenje snova, za Etijambla nipošto nije imala istu snagu kao

---

[1] Objavljena 1925. u izdanju *NRF (Nouvelle Revue Française)*.

pripovetka *Dete sa pučine*[1], „jer se Sipervjelu događa da je još više pesnik u svojim pričama nego u stihovima".

Žil Sipervjel je rođen u glavnom gradu Urugvaja, Montevideu, 1884, a umro u Parizu 1960. Roditelji, baskijskog porekla, umrli su istovremeno kad mu je bilo samo šest meseci, a saznao je da je siroče tek u svojoj devetoj godini. Možda otuda Sipervjelova žarka želja da oživi u sećanju voljena bića. On provodi svoj dug život, uprkos slabom srcu od rođenja, između svoje dve domovine: Urugvaja i Francuske, okružen svojom mnogobrojnom decom i unučićima.

Celo njegovo delo prožeto je sećanjem na ogromna, pusta prostranstva pampi i okeana, kojima je celog života prolazio na konju ili prekookeanskim brodom i gde je veoma rano osetio rastojanje i izdvojenost. Nije odoleo čarima Južnog krsta i sazvežđima južne Zemljine hemisfere koja izazivaju drugačije plime i oseke u tamošnjim morima i u pamćenju i predstavama domorodaca, pa čak i putnika koje je radoznalost dovela u predele Amazonije ili Patagonije. Njegova prva zapažena dela: *Pesme o tužnoj ljubavi* (1919) i *Čovek iz pampe* (1925) upravo govore o tom iskustvu. A zbirka pripovedaka *Dete sa pučine,* koliko mi je poznato, prvo je prozno delo Žila Sipervjela prevedeno na srpski jezik, koje je objavljeno davne 1931, po svojoj baroknosti i po svojim „čarolijama" ima nečeg „borhesovskog" mnogo pre Borhesovih „metafizičkih priča".

Neprekidno sećanje i pomna pažnja, rođeni iz ljubavi, okosnica su svih osam pripovedaka ove zbirke, iako se radnja svake od njih odvija u drugačijim sredinama i okolnostima: na površini ogromnog okeana, na njegovom dnu među utopljenicima, pored Hristovih jaslica, na nebu naseljenom dušama umrlih, u krugu plemena čiji su običaji surovi i neljudski, u prisnom porodičnom krugu gde se potiranje izuzetnog smatra ozdravljenjem, na konjskim trkama ili na estansijama Urugvaja. Ove kratke priče, svaka pisana drugačijim, njenoj temi prikladnim jezikom, pročitaju se za tren, ali o njima se dugo razmišlja i nemoguće

---

[1] Etiemble, *Supervielle,* Bibliotheque ideale, Gallimard, 1960, str. 53.

ih je zaboraviti. U svakoj od tih Sipervjelovih opsesivnih slika, u tom neodređenom i neprekidnom kruženju stvari i živih bića kroz mnoštvo preobražaja, „stidljivom pitanju koje će se uskoro priključiti tišini"[1], osećamo da njihovo postojanje zavisi od pažnje i obazrivog pristupa čitaoca. Sve se događa kao u Sipervjelovom stihu-opomeni: „Nemojte dodirnuti rame /Konjanika koji prolazi/ Mogao bi se okrenuiti/ I to bi bila noć."

O sugestivnosti pripovetke *Dete sa pučine*, Etijambl priča u već navedenoj knjizi i na istoj 53. stranici. Nekoliko godina pošto je prvi put pročitao tu priču i njen nukleus – pesmu „Selo na talasima", plovio je sam brodom preko Atlantika. Osećao se tako ranjivim iznad te vode koja samo što se nije otvorila. „Jedva sam se usudio da spokojno sanjam o dragim bićima, jer me je već godinama proganjala jedna rečenica: 'Mornari, vi koji maštate na pučini nalakćeni na brodsku ogradu, čuvajte se da u mrkloj noći dugo mislite na neko voljeno lice.' Morao sam više puta da prebrodim okean pre nego što sam se usudio da se sećam nekog dragog lica."

Sipervjelove čarobne prizore ili „čarolije", kako Etijambl naziva pesnikove ejdetske slike, mogu se svrstati u nekoliko skupina: one koje su nadahnute grčkom mitologijom, južnoameričkim folklorom, biblijskim i savremenim temama, kao i ličnim opsesijama. Pesma u prozi *Dete sa pučine*, prvi put je, razvijena u mit, zajedno s pričom *Nebeski šepavci* objavljena u Buenos Ajresu, tri godine posle zbirke pesama *Gravitacije*. Pripovetka Trag i bara prvi put se pojavila 1927. u malom broju primeraka. Posle Baroovog izvođenja na sceni *Posledice jedne trke*, Sipervjel je po toj pripoveci pod istim naslovom napisao mimofarsu i objavio je u Montevideu 1956. godine. U ovoj knjizi jedino nema nijedne priče nadahnute grčkom mitologijom. One se nalaze u Sipervjelovoj zbirci: *Orfej i druge priče,* objavljenoj 1946. godini.

Mnogi pesnici napisali su pesme posvećene životinjama, od kojih su najčuvenije Lotreamonov *Zverinjak* i

---

[1] Clod Roa: *Žil Sipervjel,* Sadašnji pesnici, Pjer Segers, 1953.

Apolinerova *Orfejeva povorka*. U Sipervjelovoj pripoveci *Vo i magarac pored Hristovih jaslica*, Sipervjelovom prilogu jednoj lepoj neostvarenoj zamisli Žana Grenjea, koji je želeo da dela različitih pisaca o životinjama objavi pod naslovom „Život znamenitih životinja", gotovo da su prisutne sve životinje, čak i one neimenovane, čak i duše onih koje su izdahnule na putu ka Vitlejemu. Njegovom zverinjaku, gde su neprikosnoveni kraljevi konj (Posledice jedne trke) i pas (Trag i bara) pridružuju se i vo i magarac.

Delo Žila Sipervjela odlikuje se i time što su ga izuzetno voleli pesnici, i to znameniti: Rilke, Mišo, Boske, Sabatje. Povodom *Gravitacija*, Rilke je uputio svoje prvo pismo Žilu Sipervjelu, u kojem se sledeća rečenica najverovatnije odnosi na pesmu „Selo na talasima": „To je veoma lepo, to povezuje preko provalija, osećam da se nigde ne zaustavlja; vi ste veliki graditelj mostova u prostoru..."

I u vremenu, dodajem.

Mirjana Vukmirović

PREVODIOČEVA BELEŠKA

Žil Sipervjel (Jules Supervielle), francuski pesnik, romanopisac, pripovedač i dramski pisac rođen je u Montevideu 1884. od roditelja baskijskog porekla, a umro u Parizu 1960, okrunjen slavom „princa pesnika". Najpoznatije Sipervjelove zbirke pesama su: *Tužne pesme* (s predgovorom Pola Fora), *Gravitacije, Nepoznati prijatelji, Nevini zatočenik, Rađanja, Zaboravno sećanje, Tragično telo* itd. Napisao je nekoliko romana *(Čovek iz pampe)* i niz odličnih zbirki pripovedaka: *Otmičar dece, Mladić u nedelju i ostale dane, Dete sa pučine, Preživeli.* Za pozorište je adaptirao pripovetku *Otmičar dece* i napisao sledeće drame: *Trnoružica, Bolivar, Šeherezada, Robinson.* Prevodio je Lorku i Šekspira.

Ovo je prvi prevod Sipervjelove proze na srpski jezik.

M. V.

SADRŽAJ

Žil Sipervjel
DETE SA PUČINE
*
Glavni urednik
JOVICA AĆIN
*
Lektor
MIROSLAVA STOJKOVIĆ
*
Grafički urednik
MILAN MILETIĆ
*
Nacrt za korice
JANKO KRAJŠEK
Realizacija
ALJOŠA LAZOVIĆ
*
Korektor
MILADIN ĆULAFIĆ
*
I. P. RAD, d. d.
Beograd, Dečanska 12
*
Za izdavača
ZORAN VUČIĆ
*
Priprema teksta
Grafički studio RAD
*
Štampa
ZUHRA, Beograd

CIP – Katalogizacija u publikaciji
Narodna biblioteka Srbije, Beograd

840-32

СИПЕРВЈЕЛ, Жил

    Dete sa pučine : pripovetke / Žil Sipervjel ; [prevela Mirjana
Vukmirović]. – Beograd : Rad, 1997 (Beograd : Zuhra). – 79 str.
; 21 cm. – (Reč i misao / Rad ; knj. 476)

Prevod dela: L'Enfant de la haute mer / Jules Supervielle. – Str.
75–78: Žil Sipervjel – veliki graditelj mostova u prostoru i vre-
menu / Mirjana Vukmirović. – Str. 79: Prevodiočeva beleška /
M. [Mirjana] V. [Vukmirović].

ISBN 86-09-00493-7

ID=57391884

Tibor Deri
NIKI

REČ I MISAO

NOVA SERIJA

386

S mađarskog preveo
ALEKSANDAR TIŠMA

Pogovor
DAVID ALBAHARI

Urednik
DRAGAN LAKIĆEVIĆ